أسس تربية الطفل

أ.فتحي ذياب سبيتان

الجنادرية
للنشر والتوزيع
ALJANADRIA

الطبعة الأولى ٢٠١٢

1

المملكة الأردنية الهاشمية

رقم الإيداع في المكتبة الوطنية

2011/10/3731

الرقم التسلسلي:372.21

إسم الكتاب: أسس تربية الطفل

إسم المؤلف: فتحي ذياب سبيتان

الواصفات: /التعلم الاساسي // رعاية الطفولة//الاطفال

الجنادرية للنشر والتوزيع

ALJANADRIA

الجنادريـــة للنشر والتوزيع

الأردن- عمان - شارع الجمعية العلمية الملكية

مقابل البوابـة الشمالية للـجامعة الأردنية

هاتـــــف: 00962 6 5399979

تلفاكــــس: 00962 6 5399979

ص.ب520651 عمـــان 11152 الأردن

Website: www.aljanadria.com

E-mail: dar_janadria@yahoo.com

info@aljanadria.com

المقدمة

لقد تنوعت وتعددت الدراسات التي تناولت نمو الطفل من كافة النواحي، وشملت تلك الدراسات مرحلة تكوين الجنين حتى مرحلة الشيخوخة، ولقناعتي بأننا نحن بحاجة إلى أن نعرف الكثير عن نمو الطفل في العديد من النواحي البدنية، النفسية، الاجتماعية والسلوكية... وغيرها، وأن ندرك أهمية الظروف التي تساعده على النمو السَوي.

وحيث أنني قد عملت في سلك التدريس والإدارة المدرسية نحو أربعون عاماً بين الأطفال ومن مختلف الأعمار، فقد وجدت من الواجب عليَ أن أكتب في المواضيع التي أعتقد أنها تهم كل أب وأم وكل معلم ومرب وكل من له علاقة بالطفل والطفولة... لتساعده في فهم سلوك الطفل وانفعالاته وتفكيره...، لتنير له الطريق في كيفية فهمه والتعامل معه بشكل صحيح لينموا نمواً متكاملاً سوياً، ينفع نفسه وأسرته ووطنه.

فقد تناولت في الفصل الأول من هذا الكتاب خصائص ومراحل نمو الطفل ومميزات كل مرحلة حتى يتمكن المتعامل مع الطفل من معرفة الأسس التي تساعده للتعامل مع فئات الطلاب المختلفة بنجاح.

أما الفصل الثاني فقد تعرضت فيه إلى النظرة المعاصرة للطفولة التي تقوم عليها تربية الطفل وإلى تميز الطفل عن الراشد في تفكيره، ومراحل التفكير عند الطفل.

وفي الفصل الثالث تحدثت عن البرامج التربوية الأسبوعية والشهرية والسنوية الموجهة للأطفال قبل دخولهم المدرسة، وكيفية التعامل مع هذه الفئة الهامة.

أما الفصل الرابع فقد تطرقت فيه إلى المدرسة التقدمية وتربية الطفل، ومفهوم التربية في نظر العالم التربوي (جون دبوي)، والفرق بين المدرسة الحديثة والمدرسة القديمة في تربية الطفل.

وفي الفصل الخامس ناقشت الأسس التي يقوم عليها تعلم أطفال الروضة، مثل النشاط، واللعب، والحرية،والتعلم الذاتي، والتعلم الملائم والمفاهيم القبلية وأثرها في بناء وتوجيه شخصية الطفل.

أما الفصل السادس فقد تطرقت فيه إلى موضوع هام وهو العلاقة بين البيت والمدرسة وأهمية هذه العلاقة في إشراك الآباء والأمهات في تربية الطفل حتى تكون التربية المدرسية مكملة للتربية البيتية بحيث لا تتناقض معها.

وفي الفصل السابع تعرضت إلى موضوع اللعب وتأثيره في تربية الأطفال، من خلال شرح مفهوم نظرية (بياجيه) في اللعب، وسيكولوجية اللعب وأنواعه، والعوامل المؤثرة في لعب الأطفال، وأهمية وفوائد اللعب لدى الأطفال.

أمل الفصل الثامن، فقد ناقشت فيه موضوع الغذاء ونمو الطفل، من خلال التعرض إلى أهمية الغذاء للإنسان ولنمو الطفل، ومصادر الغذاء ووظائفه الرئيسية والإحتياجات الغذائية للطفل.

أما الفصل التاسع، فقد تطرقت فيه إلى أهمية ووظيفة الفن وأهدافها التربوية، ورسوم الأطفال وأهميتها، ومعنى الفن عند الأطفال.

وفي الفصل العاشر تعرضت إلى مناقشة أدب الأطفال وأهميته المعرفية والوجدانية، وخصائص وأنواع أدب الأطفال من القصص والأغاني والأشعار، وكتب الأطفال وأنواعها،ودرس كيفية اختيار كتب الأطفال لتناسب أعمار ومستويات الأطفال النمائية.

وفي الفصل الحادي عشر تعرضت فيه إلى الأطفال الموهوبين، ومفهوم الموهبة، وخصائص الموهوبين وكيفية اكتشاف الموهوبين والتعامل معهم.

أما الفصل الثاني عشر فقد تعرضت فيه إلى فئة أخرى من الأطفال هم الأطفال بطيئو التعلم، من خلال توضيح مفهوم بطء التعلم وحاجاته وأسبابه، وكيف نلبي حاجات التعلم لهذه الفئة من الأطفال لمساعدتهم على تخطي عقبات هذه الأعاقات بإيجابية.

أما الفصل الثالث عشر والأخير فقد تعرضت فيه إلى أثر البيئة على نمو الطفل وصحته، وأمراض الأم وأثرها على الطفل، وأثر العوامل الخارجية على نمو وصحة الطفل مثل التدخين والخمر والمخدرات والعقاقير والأدوية وسوء التغذية والإشعاعات وأعمار الوالدين.

وختاماً أرجو أن أكون قد وفقت في تقديم هذه المعلومات الخاصة بمرحلة الطفولة وأن يجد القارئ ما ينشده من المعرفة في هذا المجال ليكون عوناً له في التعامل مع فلذات أكبادنا ؟أطفال اليوم وقادة ورجال الغد المشرق.

والله من وراء القصد يهدي السبيل.....

المؤلف

فتحي سبيتان

الفصل الأول

١

خصائص النمو للمتعلم

مراحل نمو الطفل ومميزات وخصائص كل مرحلة

خصائص النمو النفسي والإجتماعي والعقلي لطفل المرحلة الإبتدائية

خصائص النمو الجسمي والفسيولوجي والحركي للطالب لمراهق

ملاحظات منتمية للمعلم حول مراحل وعمليات النمو

خصائص النمو للمتعلم

ليس غريباً أن تهتم التربية بالمتعلم والفرد، فالتربية عملية توجيه لنمو الناشئ إعداداً له للمشاركة في حياة الجماعة مشاركة فاعلة ومثمرة، ولكي تؤدي التربية الثمار والأهداف التي يسعى أليها المجتمع، كان لابد للتربية أن تتمشى مع خصائص المتعلم ومع المستوى الذي وصل أليه نموه، ومع احتياجاته ومتطلباته في مرحلة النمو التي يمر فيها، لذا فمحور العملية التربوية هو الفرد، ولا فاعلية ترجى من ورائها إذا أغفلت ما للفرد من خصائص واحتياجات.

وسأتطرق في البداية لمراحل النمو الأربع التي قسمها العالم بياجيه، ثم سأتطرق بعد ذلك لبعض خصائص النمو على المرحلتين الإعدادية والثانوية حيث يتراوح عمر الطالب بين اثنتي عشرة وثماني عشرة سنة وهي المرحلة التي تقابل من مراحل النمو التي يحددها علماء النفس بمرحلة المراهقة.

وقد فسّر العالم السويدي بياجيه (piaget) النمو العقلي على أساس عمليتين هما:

١. التمثيل (الإستيعاب)

٢. التكيف والملائمة

ويقوم الطفل بواسطة العملية الأولى باستيعاب وامتصاص العالم المحيط به من أجل تكوين نموذجاً خاصاً في ذهنه لهذا العالم.

أما العملية الثانية فيتم بواسطتها تعديل وتكييف هذا النموذج طبقاً للخبرات الجديدة.

مراحل نمو الطفل ومميزات وخصائص كل مرحلة

وقد قسّم العالم بياجيه مراحل نمو الطفل إلى أربع مراحل هي:

المرحلة الأولى: مرحلة الإحساس والحركة (المرحلة الحس حركية) (من الميلاد حتى سنتين)

يقوم الطفل في هذه المرحلة ومن خلال حواسه وحركاته المختلفة ومن خلال اللعب واكتشافه ما حوله من تكوين صورة ثابتة من الأشكال المختلفة والعلاقة بينها ويتعرف على أساسها على مثل هذه الأشكال.

وتتميز خصائص هذه المرحلة بما يلي:

١.ان الإستجابة مرتبطة بالمثيرات فالطفل يستعمل حواسه ويتعامل مع المدركات ويستجيب لها، فهو يميز صوت أمه ويحرك يديه وشفتيه عندما يرى زجاجة الحليب....

٢.ومن خلال حواسه يتعرف إلى أشياء محدودة(أعمال إنعكاسية).

٣.لا تظهر من الطفل في هذه المرحلة أي تصرفات تدل على تفكير أو أي تصور للأجسام أو الأعمال.

المرحلة الثانية: مرحلة ما قبل التفكير بالعمليات (من سنتين إلى سبع سنوات)

في هذه المرحلة تبدأ اللغة بالظهور، وتترجم على أساسها الحركات والأحاسيس المختلفة إلى أفكار ورموز، ويوسع الطفل النموذج الذي بناه عن العالم

الخارجي عن طريق لعبه وخياله واكتشافاته واستفساراته ومشاركته في الكلام, ويكون تفكيره سطحي ومرتبط بالمظاهر الإدراكية (مايحسه ومايراه).

كما لا يستطيع الطفل في هذه المرحلة أن يفكر في مفهومين معاً, لذا على المعلم أن يدرك في هذه المرحلة أن قدرة الطالب على الإستيعاب تكون محدودة لذا عليه أن لا يرهق الطالب بمفاهيم ومعلومات هي فوق طاقته وقدرته وفوق مدى إدراكه, كما على المعلم في هذه المرحلة اللجوء إلى الوسائل والأمثلة الحسّية والملموسة حتى يرتبط المفهوم في ذهن الطالب بشكل سليم.

وتتميز خصائص هذه المرحلة بما يلي:

١. التطور اللغوي: ينمو الطفل في هذه المرحلة نمواً كبيراً في استعمال اللغة, فيبدأ بمفردات قليلة وأشباه جمل, وينتهي بجمل مفيدة وحصيلة لغوية كبيرة نسبياً.

٢. التطور الإجتماعي: يبدأ الطفل بتقبل غيره,ويتعامل مع الكبار والصغار وتنمو لديه بعض العادات الإجتماعية مما يتعلمه ويلاحظه مما حوله.

٣. التفكير الخيالي: يكلّم الطفل نفسه, ويتحدث مع لعبته ويعاقبها ويسرد قصصاً من مخياته, وتنمو لديه أفكار التجسيد فيظن أن الألعاب تأكل وتشرب وتغضب....

٤. التقليد: يقوم الطفل بتقليد الأصوات والحركات والأفعال التي يراها ويلاحظها وهذا يدل على تخزين فكري أو استيعاب لهذه الحركات والأفعال.

٥. في هذه المرحلة لا يقدر الطفل على إجراء العمليات العقلية, لأنه لايستطيع أن يفكر منطقياً, ويخلط الحقيقة بالخيال, وتفكيره يكون غير منعكس, فإذا

سألته عن اسم شخص ما, تجده يقول أنه أخوك أو أبوك, فهو لا يركز ولا يميز بين الكل والجزء.

٦. يعرف الحالات, ولكنه لا يدرك عمليات التغير, كتغير كمية سائل عند وضعه في أنابيب مختلفة الأقطار والأحجام, ويأكل التفاحة... ويطالب بها.

٧. في هذه المرحلة يكون الطفل أنانياً, لا يفهم وجهة نظر غيره, ويريد أن يمتلك كل ما يراه.

٨. مفهوم المكان والزمان غير مكتمل لديه, فهو يعرف الماضي والمستقبل, ولكن دون عمق, كما يعرف الأمكنة ولكنه لا يستطيع أن يرتبها حسب بعدها أو قربها.

٩. محب للإستطلاع, وإذا بدأ بشيء فمن الصعب أن تجعله يتوقف, فلو بدأ حديثاً, فمن الصعب أن توقفه قبل أن ينهي كل ما يريد قوله.

المرحلة الثالثة: مرحلة العمليات الملموسة(الغير مجردة)(مرحلة العمليات الحسية)(من ٧- ١٢ سنة)

يستطيع الطفل في هذه المرحلة أن يربط بين المفاهيم المختلفة بعلاقات إما رياضية أو منطقية, وأن يفكر تفكيراً منطقياً(غير مجرد) أي في أشياء ملموسة ومحسوسة(أشياء حقيقية), ويمكن تفسير الأشياء الملموسة على أساس خبرة الفرد السابقة ومستوى نضجه, فقد لا يكون ٢+٣ ملموساً لطفل الحضانة, ولكن ذلك يكون ملموساً لطفل المرحلة الإبتدائية, وحيث لا يكون س+ص ملموساً له, في حين يكون ذلك ملموساً لطالب المرحلة الإعدادية والثانوية.

ومن أمثلة العمليات الملموسة في هذه المرحلة(عمليات التصنيف وعمليات الترتيب والعلاقات)

وتتميز خصائص هذه المرحلة بما يلي:

١. يستمر الفهم لديه من خلال العمليات الحسّية المباشرة, حيث يرتبط التفكير بالمثيرات والحوافز والتشجيع.

٢. تبدأ لديه عمليات التفكير المنطقي,فيدرك الطالب عمليات الجمع والطرح والضرب والقسمة وإشارات أكبر من > وأصغر من<.

٣. يصوغ فرضياته, ويتصورها بشكل بسيط.

٤. يتكون لديه مفهوم الحفظ, لأن حفظ الأشياء يبدأ من سن ٨ سنوات وحفظ الوزن يبدأ من سن ٩ سنوات وحفظ الحجم يبدأ من سن ١١ سنة.

٥. يدرك أبعاد الزمان والمكان بتحديد الأبعاد وترتيب الفترات الزمنية.

٦. يتصور الأحداث عقلياً ومنطقياً, ويأخذ بالأسباب والنتائج, فيبني فرضيات ويعطي نتائج.

٧.يظهر التفسير المتسلسل, فيفكر في أكثر من متغير في نفس الوقت.

٨.تنمو لديه القدرة على إدراك التحولات, مثل تحول الصلب إلى سائل والسائل إلى غاز, ومفهوم الطول والمساحة والحجم.

٩.يستطيع استخلاص النتائج من التجارب, ويدرك العلاقات البسيطة بين المتغيرات.

المرحلة الرابعة: مرحلة العمليات المجردة(من سن ١٢ سنة فما فوق)

يبلغ الطفل في هذه المرحلة أقصى مراحل النمو في التفكير على أساس العمليات المجرده والتي تبلغ ذروتها في سن(١٤-١٥) سنة, ويكون تفكير الطفل (البالغ) فيها على أساس تركيبي منطقي قائم على وضع الفروض والإستنتاج الإستدلالي.

ومن خصائص هذه المرحلة مايلي:

١. يستطيع الطفل(الطالب) في هذه المرحلة أن يستوعب الأفكار المجردة سواء كانت لغوية أو رمزية, فيفهم القوانين والنظريات والإستعارات والكنايات والتشبيهات.... وغيرها.

٢. يستوعب مفهوم التجربة, فيفهم الهدف والغرض والنظرية.

٣. يستطيع التفكير بطريقة منطقية, فيستعمل طرق الإستقراء والإستنباط والمقارنة في تفكيره.

٤. في هذه المرحلة قد لا يحتاج الطفل إلى مثيرات أو إلى دوافع خارجية، حيث يمكنه أن يكون صاحب المبادأة.

٥. يفكر تفكيراً متشعباً, أي يدرك جميع نواحي المشكلة في نفس الوقت.

٦. يستطيع التمييز بين الفرض والحقيقة, ويميّز بين الرأي والواقع وبين النظرية والقانون.

٧. يستطيع تصميم التجارب, ويصنف التحسينات التي يمكن اجراؤها على التجربة, أو التفكير في تجربة بديلة تؤدي نفس الغرض.

خصائص النمو النفسي والإجتماعي والعقلي لطفل المرحلة الإبتدائية

صحة الطفل مدخل لفهم الطفل:

يصعب فهم طفل المرحلة الإبتدائية بمعزل عن صحته, لذا فالطفل المريض يمثل مشكلة تربوية حيث يحول المرض بينه وبين تحقيقه أهدافه, خاصة وأن أمراض الطفولة ربما تؤثر بدرجة كبيرة على أعضاء الطفل الحسّية كالعين والأذن مما يزيد في صعوبة عملية التعلم لديه, كما يلعب نقص التغذية في البيئات الفقيرة بواجباته المدرسية.

وقد خلصت دراسة ميدانية أجريت مؤخراً على مجموعة من المدارس الإبتدائية إلى الملاحظات الهامة التالية:

١. أن ٤٠% من الأيام الدراسية تضيع من طلاب المدن والمناطق الريفية لترددهم على المراكز الصحية وطلباً للعلاج.

٢. أن نسبة الغياب لا تختلف كثيراً بين أبناء المدن والريف.

٣. أن أمراض الرشح والزكام أقل انتشاراً بين أبناء الريف عنها بين أبناء المدن.

٤. الطلاب الصغار من سن ٦سنوات إلى ٩سنوات يتغيبون لأسباب صحية أكثر من الطلاب الكبار الذين هم فوق سن ١٣سنة.

٥. تزداد نسبة الغياب بين الطلاب بصورة ثابتة من شهر أيلول حتى شهر آذار ثم تأخذ بالإنخفاض.

ويلاحظ المعلم بأن الطفل الخالي من المرض غالباً مايكون متفاعلاً محباً لمدرسته نشيطاً كثير الحركة والحيوية بعكس الطالب المريض, لذا فالمدرسة الإبتدائية مسؤولة في الواقع عن صحة طلابها, كما يجب تدريب وتعويد الطلاب على كيفية الإعتناء بعيونهم وآذانهم وأسنانهم والحفاظ على نظافة أجسامهم والتعود على العادات الصحية الصحيحة.

واذا أردنا أن نتخذ صحة الطفل مدخلاً لفهم الطفل, يجب أن لا يقتصر ذلك على الجوانب الجسمية, بل يجب أن يمتد ليشمل الصحة العقلية والنفسية أيضاً.

<u>خصائص النمو النفسي لطفل المرحلة الإبتدائية.</u>

في بداية هذه المرحلة وعندما يكون الطفل في سن السادسة يبدأ في الإنتقال من بيئة المنزل إلى المدرسة, لذا قد يعاني الطفل صعوبة الفعالية بسبب انتقاله من بيئة الأب والأم والأخوة حيث يشعر فيها بالعطف والحنان والدلال والإطمئنان, إلى بيئة جديدة وغريبة عليه وغير مألوفة له, لذا فالطفل في بداية اتصاله بالمدرسة يحتاج إلى مزيد من التشجيع والحنان من معلميه أكثر مما يحتاج طفل آخر التحق بالمدرسة في العام الماضي.

وتفيد الدراسات أن طفل السادسة غير مستقر انفعالياً, ويمكن أن تنتابه ردات فعل سلبية عند تعرضه للخوف أو الإجهاد الشديد, ويمكن التغلب على صعوبة الإنتقال لأول مرة من البيئة المنزلية إلى البيئة المدرسية الجديدة عن طريق استغلال ميول الطلاب في هذه السن إلى القصص والروايات واللعب والقيام بأدوار البطولة, واشراكهم في تزيين وتجميل الصف, وتوفير المواقف التعليمية التي يتحملون فيها المسؤوليات الصغيرة التي تتلائم مع نضجهم ومستوى ادراكهم وقدراتهم وذلك من خلال هذه القصص والروايات والألعاب المناسبة غير الخطرة.

أما طفل السابعة فتلاحظ ازدياد حساسيته لشعور الآخرين نحوه, ويغلب عليه عدم الإستقرار والميل إلى الثورة, وقد يستسلم لأحلام اليقظة ويستغرق في الخيال, ويحاول الدقة في فعل الأشياء, كما يصبح لديه فهماً مبدئياً عن قيمة الوقت والنقود, ويصبح قادراً على تحمل بعض المسؤوليات البسيطة, ويميل إلى المبالغة والإعتزاز بنفسه, وقد يؤدي ذلك إلى الطموح إذا وجد التشجيع والتحفيز والمكافأة, لذا فهو يحتاج إلى التوجيه الهادف والحزم من غير عنف ولا تساهل, كما يحتاج إلى الأمان وتقبل الذات, وقد أثبتت الدراسات أن الأطفال ينمون بطريقة أفضل اذا ما تحققت حاجاتهم الأساسية للأمن والتقبل والنجاح.

وفي الثامنة تغلب الجرأة على الطفل ويميل إلى الخيال ويحب الإشتراك في الروايات ويصبح مغرماً ببرامج التلفاز والأفلام والمغامرات وجمع الأشياء ويتمتع بطاقة ونشاط هائل وتزداد اهتماماته وميوله, ويمكن استغلال هذا النشاط وهذه الميول في تعليمه أنماط السلوك الجيد, ويلاحظ في هذا السن حبه لجماعات الرفاق من نفس الجنس.

أما طفل التاسعة فيميل إلى الكمال, ولكنه يفقد الحماس بسرعة إذا لم يجد التشجيع والتحفيز والمكافأة, أو اذا تعرض لضعف أو إلى إجهاد شديد, ويحتاج الطفل اعتباراً من هذا السن إلى التدريبات الرياضية المناسبة والتي تنمي العضلات وإلى التدريب على المهارات المختلفة, كما يميل في هذا السن إلى القراءة والمطالعة, كما يبدأ الإهتمام بكل ما يحيط به من أشياء وتكثر أسئلته الخاصة بالنمو الجسمي والجنسي بما يلائم سنه من غير خجل أو انفعال وخاصة من خلال المواد الدراسية المختلفة, كما تنمو لديه الغرائز, فغريزة حب الإطلاع تحفز الطفل إلى الكشف عن معالم البيئة المحيطة, وغريزة حب المِلْكية تجعل الطفل شديد الحرص على جمع الأشياء واقتنائها, أما الإهتمام بالجنس فهو كامن في هذه الفترة, وقد

يكون موجهاً نحو نفس الجنس, فهذه مرحلة ميل الجنس لنفس الجنس, كما تزداد قدرة الطفل على نقد نفسه بنفسه, ويكون على أتم الإستعداد لتقبل النقد من الغير لاسيما اذا كان عادلاً ومقنعاً.

أما خصائص طفل الحادية عشرة والثانية عشرة فنشاهد غالباً بعض التغيرات الجسمية والإجتماعية والإنفعالية والعقلية والتي تعتبر تمهيداً لمرحلة المراهقة.

<u>خصائص النمو الإجتماعي لطفل المرحلة الإبتدائية.</u>

إن طفل المرحلة الإبتدائية (٦-١٢سنة) يظهر عليه الميل الإجتماعي بصورة واضحة ويزداد نضجه الإجتماعي كلما زاد احتكاكه بالمجتمع الذي يعيش فيه, ومن مظاهر النمو الإجتماعي التي تظهر عليه رغبته إلى الإجتماع والتي تجعله يتنبه إلى رأي الناس في تصرفاته, فهو يهتم كثيراً ويتنبه فيما يقولون عنه من مدح أو ذم أو إطراء, وهذا هو أساس السلوك الإجتماعي, ومن مظاهر النمو الإجتماعي كذلك خضوعه لنظام فريقه وقوانينه أكثر من خضوعه لتقاليد المجتمع, كما تبدأ الإتجاهات الإجتماعية تظهر لديه في هذه المرحلة, كالزعامة أو التبعية أو الميل للمساعدة أو الميل للخنوع أو حب القيادة........الخ.

كما يصبح الطفل في هذه المرحلة شديد الحرص على التوصل الى عدد من المبادئ الاجتماعية أو الخلقية والتي تهديهم في سلوكهم، وما يدور بينهم من تفاعل، وكثيراً ما نسمعهم وقد انقسموا في محاوراتهم حول القواعد المنظمة لألعابهم ككرة القدم مثلاً وخلافاتهم حول قواعد اللعبة أو من هو الفائز أو المنهزم منهم....

لذلك فإن هذه المرحلة تعتبر فرصة مواتية للمعلمين والمربين لغرس المبادئ الحميدة والجيدة في نفوسهم مثل غرس المبادئ الكشفية وحب الخدمة العامة وانكار الذات وحب الخير للآخرين وبذل كل مساعدة للمحتاجين والعطف على الكبار ومساعدتهم.

ومما لا شك فيه أن درجة النمو الاجتماعي لطالب المرحلة الابتدائية تتأثر بطبيعة البيت الذي نشأ فيه الطالب ودرجة نضج الوالدين ووعيهم، وما يسود الأسرة من علاقات،وكذلك كل ما توفره المدرسة من خبرات اجتماعية من خلال برامج الأنشطة التي توفرها للطلاب مثل فرق الكشافة والمرشدات (للإناث) وفرق الرياضة المختلفة وفرق الخدمة الاجتماعية ومجموعات حماية البيئة ومجموعات الأزمات ومجالس الطلبة.... وغيرها من الأنشطة المخططة والتي توفرها المدرسة ضمن خطتها السنوية لتنمية هذا الجانب الهام من حياة الطالب والتي ترافقه لسنوات طويله من حياته في المستقبل.

<u>خصائص النمو العقلي لطفل المرحلة الابتدائية.</u>

لقد توصل علم النفس المعاصر الى أن الطفل كائن يختلف عن الطالب الراشد من حيث الماهية، وأن هذا الطفل وبعد سنين طويلة من النمو يصل عقله وطبيعته العاطفية وطرق فهمه الى الوضع النهائي والذي يجعل منه راشداً، وذلك عن طريق تطور تركيبه.

والنمو العقلي حركة مستمرة من حالة توازن دنيا الى حالة توازن عليا عن طريق تطور صور الاهتمام والذي يختلف من سن الى أخرى ومن مستوى عقلي لمستوى عقلي آخر خلال أشكال متتالية للتوازن وللتركيبات التي تدل على الانتقال من مرحلة مسلكية الى مرحلة أخرى وتعتبر نظرية (بياجيه) لمراحل النمو العقلي

والتي سبق أن تطرقنا إليها في بداية هذه الدراسة، تعتبر من أكثر النظريات التي تلاقي قبولاً حتى اليوم، وطفل المرحلة الابتدائية وفقاً لهذه النظرية يعد في مرحلة العمليات العقلية الحسّية والتي تمتد حتى سن الحادية عشر تقريباً.

وطبقاً لنظرية بياجيه، فإن طفل المدرسة الابتدائية يعتبر من ناحية النمو العقلي في مرحلة التفكير الحدسي أو الوجداني، أما في الصف الثالث والرابع يعد في مرحلة العمليات الحسّية، وهذه المراحل مترابطة متصلة وغير منقطعة، ويهدف النشاط العقلي للطفل في مرحلة التفكير الحدسي أو الوجداني الى تكوين صورة ذهنية للأشياء وتنمية الرموز اللغوية الدالة عليها خلال تفاعله مع البيئة ومع من هم حوله، حيث يقوم الطفل في هذه المرحلة بعمليات عدة وحصر وتمييز وتكوين مفاهيم مبدئية عن كل ما يدور حوله ويشاهده، كما يقوم بعمليات تنظيم وتصحيح عن الواقع من حيث الزمان والمكان والسبب، وتبدأ هذه العمليات في سن السابعة أو الثامنة والتي تمتد حتى سن الحادية عشر تقريباً، والتي فيها تتخذ عملية تنظيم التصورات والمفاهيم المتعلقة بالبيئة صوراً أكثر ثباتاً وذلك بفضل تكوين سلاسل من التراكيب المعرفية التجمعية، وهكذا يستمر تفاعل الطفل مع الأشياء والأشخاص حتى يصبح تفكيره غير قاصر على مجرد الإدراك الحسي أو الممارسة العملية، ولكنه يصبح قادراً على القيام بالعمليات العقلية التجريدية والتي تسمح له بالقيام بعمليات الاستدلال والتعميم، ويصبح قادراً على أن يمتد بتفكيره داخل الزمان والمكان، وهذه هي مرحلة التفكير التجريدي والتي تبدأ بعد سن الحادية عشر وتمتد حتى انتهاء الحياة، لذا تعتبر الخبرة المباشرة والتفاعل الاجتماعي خاصة مع الأقران والأصدقاء من أهم طرق النمو العقلي.

ويرى العالم (بياجية) ان هناك مجموعة من العوامل تعمل على تغذية هذه المراحل المتطورة من حياة الطفل والتي تساعده للوصول الى التفكير المنطقي الصحيح، وهذه العوامل هي:

١.النضج: ان هذا العامل يتأثر بمتغيرات البيئة، حيث تعتبر الاثار الخارجية ضرورية وهامة لنمو الجهاز العصبي للطفل، ونلاحظ من خلال تجربتنا مع الاطفال بأن مراحل النضج تختلف من شخص لاخر، لذا فإن عملية النضج قد تتقدم او تتأخر تبعاً لعوامل أخرى.

٢.الخبرة: على الرغم من ان الخبرة عامل اساسي لفهم النمو، إلا أنها وحدها ليست كافية، فالطفل ربما يشارك في التجربة وفي التطبيق، لكن الطالب اذا لم يكن عقله منغمساً في النشاط بشكل فاعل وفي التعامل مع المعطيات فلا يمكن ان يحدث تعلم.

٣.النمو الاجتماعي: ان العامل الثالث هو التحول الاجتماعي، وان مرور الطالب على المعلومات من خلال الحديث والنقاش او الكتب المدرسية هو عامل اساسي ولكنه ليس كافياً، فإذا ما قرأ الطفل او استمع فقط فإنه قد يصل الى فهم خاطيء او مزيف، لذا فإنه يجب ان يطبق هذه المعلومات وان يفهمها عقلياً بحيث تغير البنية العقلية السابقة وتحدث تغيراً وتحولاً اجتماعياً ايجابياً وصحيحاً.

٤.التوازن: ان تطبيق المعلومات انما يحتوي على عامل توزان ويعتبر هذا العامل من أهم العوامل المؤثرة في عملية النمو العقلي للطفل فمرور الطفل بموقف معين ينتج صراعاً معرفياً بحيث يقوم بالفعل مرة اخرى لكي يقضى على الاضطراب وبالتالي يتم التوازن.

خصائص النمو الجسمي والفسيولوجي والحركي للطالب المراهق

اما فيما يختص المرحلتين الاعدادية والثانوية حيث يتراوح عمر الطالب بين اثنتي عشرة وثماني عشرة سنة، وهي المرحلة التي تقابل من مراحل النمو التي يحددها علماء النفس (بمرحلة المراهقة) فسنتطرق الى بعض خصائصها في الصفحات التالية، فالتلميذ يدخل المرحلة الاعدادية (الاساسية العليا) وهو على ابواب مرحلة المراهقة، ويحدد البعض هذه المرحلة بأنها تبدا من البلوغ الجنسي حوالي سن ١٣ وتمتد الى حوالي سن الواحدة والعشرين حيث يكتمل نضج الافراد الفسيولوجي من حيث القدرة على التناسل وحفظ النوع وتبلغ اجسامهم اقصى نمو لها، كما يدنو فيها الفرد من اكتمال النمو العقلي، كما يقترب فيها الفرد من نهاية النضج الانفعالي.

وفيما يلي سنعرض لبعض خصائص نمو المتعلم المراهق في النواحي الجسمية والفسيولوجية والحركية ثم العقلية فالاجتماعية، حتى نتيح للمعلم اكتساب بعض المعارف والخبرات عن هذا الطالب حتى يتمكن المعلم من التعامل الصحيح والمناسب مع هذا الطالب وكيفية التعرف معه خلال فترة نموهم خصوصاً في فترة المراهقة والتي تعتريها الكثير من التغيرات في الظواهر الجسمية والنفسية والسلوكية والتي يجب مراعاتها لانها تنعكس على تصرفات وسلوكات الطالب المراهق وبالتالي على تعلمه ومستقبله.

وان الطالب في سنوات دراسته الابتدائية يكون نموه بطيئاً متدرجاً، يكاد لا يلحظه الذين يعيشون معه، اما قرب نهاية هذه المرحلة ومع بداية انتقاله الى المرحلة الاعدادية فيلاحظ عليه سرعة في النمو الجسمي.

ويتمثل النمو في بداية مرحلة المراهقة في زيادة سريعة في طول الجسم وعرضه وعمقه ووزنه، والبنات يكن اثقل وزناً من الأولاد بين سن الحادية عشرة والخامسة عشرة ويبدأ الأولاد في التفوق في الوزن بعد سن الخامسة عشرة، كما يستمر نمو الطلاب في الطول حتى سن الثامنة عشرة او العشرين، أما البنات فيتوقف نموهن في الطول عند حوالي السابعة عشرة.

كذلك يلاحظ ان اجزاء الجسم المختلفة لا تنمو بمعدل واحد، فالعظام تنمو في اول الامر بسرعة أكبر من نمو العضلات، ونتيجة ذلك تفقد حركات الاعضاء التوافق والتناسق بينهما، ويحتاج الامر الى تعلم توافق حركي يختلف عما كان عليه في مرحلة الطفولة، ويصحب ذلك عادة قلق المراهق وعدم استقراره في المكان الذي يجلس فيه بسبب توتر عضلاته, ولكن هذه الحالة لا تستمر الى نهاية مرحلة المراهقة حيث انه في مرحلة متأخرة منها يكتمل التناسق العضلي الحركي بالنسبة للطالب المراهق ويصل فيها الى اقصى طاقة لاستخدام جهازه العضلي مع السرعة واتقان الحركات، ويترتب على ذلك قدرة المراهق على كسب المهارات الدقيقة واتقانها.

وتصاحب النمو الجسمي بعض المظاهر الأخرى مثل ظهور الشعر في اماكان مختلفة من الجسم وتضخم الصوت عند البنين واستدارة الجسم بالنسبة للفتاة، وتضخم وامتلاء مناطق معينة من جسمها، كما يبدأ الفتى في اتخاذ مظهر الرجال, فيزداد كتفاه اتساعاً، ويظهر شعر ذقنه وشاربه، كما تنضج الاعضاء التناسلية ويبدأ الحيض عند البنات والاحتلام عند البنين.

كما ينشأ عن النمو الجسمي السريع بعض التغيرات الداخلية مثل الاحساس بالتعب والخمول وتأثر صحته، ويصبح اكثر تعرضاً للاصابة بأمراض الانيميا وارهاق القلب وامراض البشرة (حب الشباب) وغيرها، ونتيجة لهذه التغيرات الجسمية السريعة تظهر آثار نفسية على الطالب المراهق مثل الشعور بالخجل والارتباك ويصير شديد الحساسية لاي نقد يوجه الى مظهره او طريقة مشيه او تصرفاته المختلفة، وهو لا يستطيع التحكم في صوته الذي يتأرجح بين الغلظ والحدة.

ويزداد الامر تعقيداً بالنسبة للطالب المراهق نتيجة الفروق الفردية بين الطلاب لان لكل مراهق معدل نمو خاص به، فنرى بين الطلاب المتساويين في العمر الزمني تفاوتاً ملحوظاً في النضج الجسمي, مما قد يسبب الحرج والمشكلات الانفعالية لأولئك المتأخرين في النمو او المتقدمين جداً فيه وبمعنى آخر، فإن لخصائص المراهقة المتعلقة بالنمو الجسمي والفسيولوجي والحركي آثارها النفسية

التي تظهر في اهتمام الطالب المراهق بنفسه وصحته وغذائه وكل ما يتعلق بجسمه ونموه، حيث تنعكس هذه الآثار النفسية على احتياجات المراهق، والتي نعتقد ان على المعلم الانتباه اليها وان يوليها كل عناية واهتمام وحكمة في التعامل معها وحتى يتمكن المعلم من استيعاب هذه المرحلة الحرجة في حياة الطالب والتعامل معها بحكمة لمساعدة الطالب والاخذ بيده الى بر الامان وحتى تكون المدرسة هي بيته الثاني والمعلم بمقام والده الذي يحنو عليه ويساعده.

بعض خصائص النمو العقلي للطالب المراهق:

يكون النمو العقلي معدله سريعاً في مرحلة الطفولة ولكنه يكون بطيئاً نسبياً في مرحلة المراهقة وربما يستمر حتى اوائل العقد الثالث من العمر، وإن كان معدله يمر بتذبذبات خلال هذه الفترة.

ويتضح النمو العقلي للمراهق في زيادة قدرته على التعلم وبخاصة ذلك التعلم الذي يبنى على الفهم والميل, وادراك العلاقات, كما تزداد مقدرته على الانتباه من حيث مدته ومن حيث المقدرة على الانتباه الى موضوعات معقدة ومجردة كما يتجه المراهق الى تنمية معارفه ومهاراته العقلية ومدركاته الكلية بدرجة لم يسبق لها مثيل قبل هذه المرحلة، كما تزداد قدرته على التخيل المجرد المبني على الالفاظ والصور اللفظية، ويصبح اكثر مقدرة على فهم الافكار المجردة، وعلى التفكير الاستدلالي الاستنتاجي، والتفكير الاستقرائي، غير ان المراهق يصير اقل ميلاً الى التذكر الالي في هذه الفترة اذا ما قورن بحاله في مرحلة الطفولة.

ومن الظواهر الهامة المتعلقة بالنمو العقلي في مرحلة المراهقة، ظاهرة تنوع او تمايز النشاط العقلي.

ويقول الكاتب احمد زكي صالح في كتابه (علم النفس التربوي) ان "النشاط العقلي عند الاطفال دون العاشرة يتصف بالعمومية، وقلما يتميز الطفل في نوع معين من انواع النشاط العقلي، بيد ان الامر ياخذ شكلاً مختلفاً في حوالي سن الثالثة عشرة وما بعدها، إذْ يبدأ المراهقون في التمايز في نواحي النشاط العقلي".

ويتجه النشاط العقلي نحو التركيز والبلورة حول مظهر معين من مظاهر النشاط وتظهر وتتميز القدرات اللغوية والعددية والفنية والمكانية والميكانيكية والسرعة وغيره.

ويبرز (أحمد زكي صالح) أهمية هذه الظاهرة حينما يطلق على فترة المراهقة، فترة التوجيه التعليمي المهني، ويخلص في مناقشة هذا الموضوع قائلاً:

"إن تنظيم المجتمع يتطلب من التربية نوعاً من التوجيه للأطفال كل حسب قدرته العامة واستعداداته وميوله المهنية، ويستحسن ان يكون هذا التوجيه في نهاية المرحلة الاعدادية (نهاية المرحلة الاساسية)، أعني حوالي سن الخامسة عشرة، وذلك ان نضج الاستعدادات الخاصة والميول المهنية، لن يتم الا في هذه السن تقريباً حسب البحوث العربية في هذا الصدد".

ولهذه الظاهرة اهميتها في كشف ميول الطلاب بدرجة اكثر يقينية في فترة المراهقة عما في الفترة التي تسبقها.

ويتابع (أحمد زكي صالح) عرضه للظواهر المختلفة للنشاط العقلي في فترة المراهقة، فيشير اشارة خاصة الى ظهور الفروق الفردية في مرحلة المراهقة بشكل واضح ومريح، وهذه الظاهرة تستدعي من المعلم الذي يدرس الطلاب المراهقين ان يعني بتوجيه الفروق الفردية عناية كبيرة تفوق عناية المعلم لاي مرحلة سابقة في حياة الطالب.

ولا شك ان معرفتنا لهذه الخصائص المتعلقة بالنمو العقلي للمراهق يساعدنا في توجيه التدريس بما يحقق مطالب وظروف هذه المرحلة من النمو.

بعض خصائص النمو الاجتماعي للطالب المراهق:

تتميز مرحلة المراهقة ببعض الخصائص التي لها طابعها الاجتماعي، والتي لا تقل أهمية عن الخصائص المتعلقة بالنمو الجسمي والفسيولوجي والحركي والعقلي لما لها من آثار عميقة في حياة المراهقين.

ويمكن تلخيص أهم هذه الخصائص الاجتماعية فيما يلي:

١. رغبة الطالب المراهق في الشعور بأنه عضو في جماعة.

٢. رغبة المراهق في الشعور بكيانه وذاتيته وما يترتب على ذلك من رغبة في اثبات وجوده في حياته العائلية وداخل حجرة الدراسة وفي المدرسة وخارجها.

٣. اهتمام المراهق بالجنس الآخر، وما يترتب على ذلك حرصه على الظهور بالمظهر اللائق حتى يلفت الانظار اليه.

٤. تقبل المراهق لسلوك الكبار وقيمهم, وزغبته في تقليد من يتخذهم مثلاً أعلى له.

٥. زيادة اهتمام المراهق ببعض القيم الروحية كالأمور المتعلقة بالدين.

٦. زيادة فهم المراهق لنفسه في اطار المجتمع الذي يعيش فيه.

ولهذه الخصائص الاجتماعية الهامة والتي تصاحب نمو الطالب في مرحلة التعليم الاساسي العليا ومرحلة التعليم الثانوي متطلباتها والتي لا تستطيع التربية ولا المعلم من اغفالها او انكارها والتي تتطلب دراية وحكمة من استغلالها لتوجيه الطالب الوجهة الصحيحة.

مطالب النمو في فترة المراهقة:

ان التربية تسعى الى مساعدة الطالب (المتعلم) على سد احتياجاته، وتحقيق متطلباته الجسمية والعقلية والاجتماعية والخلقية، تلك الاحتياجات التي لا تتعارض مع فلسفة المجتمع وغاياته واهدافه.

ومن المفاهيم المفيدة في هذا المجال ما اطلق عليه العالم التربوي (هافجهيرست) (Robert Havighurst) اسم المطالب او الاحتياجات اللازمة

لاستمرار النمو (Developmental Tasks)، ففي كل مرحلة من مراحل النمو تظهر للفرد احتياجات لاكتساب معارف ومهارات وانجازات وتكوين اتجاهات وقيم، وهذه الاحتياجات تجابه جميع أفراد مرحلة نمو معينة يعيشون في مجتمع معين او طبقة معينة، حيث يؤدي النجاح في تحقيق إشباع مستويات أعلى منها في مراحل أكثر تقدماً، في حين يؤدي الفشل الى عدم الشعور بالسعادة او الرضى وإلى زيادة احتمالات الفشل في مراحل النمو التالية.

ويعتبر العالم (هافجيهرست) ان خير طريق لتحقيق النجاح في اشباع هذه الحاجات هو الموازنة بين حاجات الفرد ومطالب المجتمع، أي أن خير طريق هو ذلك الذي يأخذ حاجات الفرد في الاعتبار، كما لا يغفل أثر المجتمع وما له من مطالب لان احتياجات استمرار النمو هي حصيلة عدة عوامل، ويقول (هافجيهرست) في ذلك ان:

(احتياجات استمرار النمو يمكن ان تنشأ من النمو الجسمي، او من ضغط العوامل الثقافية (في المجتمع) على الفرد، او من رغبات وتطلعات وقيم الشخصية التي تنشأ وتتكون في خلال هذا الاطار، وتنشأ (الاحتياجات) في معظم الحالات نتيجة تأثير مجموعة من هذه العوامل تعمل معاً.)

وقد قدم (هافجيهرست) قائمة بمطالب النمو في مراحل النمو المختلفة، يهمنا هنا ان نتطرق الى ما يتعلق بمرحلة المراهقة:

١.تقبل الشخص لجسمه وصفاته الجسمية، واتخاذه الدورالذي يفرضه عليه الجنس الذي ينتمي إليه (ذكر ام أنثى)، كما يتوقعه المجتمع.

٢.تكوينه لعلاقات ناجحة مع أقرانه من الجنسين، وقدرته على العمل معهم نحو هدف مشترك، والقدرة على القيادة دون سيطرة.

٣.التوصل الى استقلال عاطفي عن الأبوين وغيرهما من البالغين مع الاحتفاظ بالاحترام والاعتزاز لهم.

٤.السير في طريق الاستقلال الاقتصادي.

٥.اتخاذ الخطوات لاختيار مهنة تتناسب مع استعداداته, والسير في طريق الاعداد للدخول في هذه المهنة والاشتغال بها.

٦.كسب المهارات العقلية والمفاهيم المساعدة على تحمل المسؤوليات المدنية بنجاح، مثل المعلومات الوظيفية والافكار التي تلائم العصر الحديث عن القانون والحكومة والاقتصاد والسياسة والجغرافية والمؤسسات الاجتماعية.

٧.ممارسة السلوك الاجتماعي الذي يتسم بالمسؤولية.

٨.تكوين الاتجاهات الايجابية نحو الزواج والحياة الاسرية، يضاف اليها بالنسبة للبنات الحاجة الى اكتساب معلومات عن ادارة البيت وتنشئة الاطفال.

٩.تكوين قيم ومثل تتلائم مع العصر الذي نعيش فيه.

كما يقدم التربوي الدكتور(أحمد زكي صالح) مفهومه الخاص لمطالب النمو كما يلي:

"الطفل في نموه – في مظاهره المختلفة – يخضع لمجموعة معينة من المثيرات البيئية الاجتماعية التي تنشأ عنها حاجات معينة، هذه الحاجات التي ينزع الى إشباعها وتسيطر على سلوكه، هي ما تسمى بمطالب النمو. كما يعتبر ان "مطلب النمو مفهوم ذو محتوى متغير تبعاً لامرين على جانب كبير من الاهمية:

الأمر الاول: هو الاطار الاجتماعي الذي يوجد فيه الفرد، وهذا الاطار يحدده الاطار الثقافي للمجتمع وما يتضمنه من عوامل اقتصادية واجتماعية وأسس علاقات الافراد ببعضهم.

والأمر الثاني: هو "المظهر النمائي الخاص لعملية النمو نفسها"

وهو يناقش مطالب النمو على ضوء ان لكل اطار من أطر النمو مظاهره ومطالبه الخاصة به.

وفي حديثه عن المراهق يحدد العالم التربوي الدكتور أحمد زكي صالح مطالب نمو المراهق كما يلي:

<u>أولاً: مطالب النمو الجسمي:</u>

١.تنوع النشاط البدني.

٢.العناية الصحية بالفرد والمجموع.

<u>ثانياً: مطالب النمو العقلي:</u>

١.اكتساب المفاهيم الاجتماعية والاقتصادية والسياسية والعلمية اللازمة للتوافق مع مجتمع القرن الحالي (العصر الحالي).

٢.تنوع مادة الدراسة وطرقها حتى تتفق مع الفروق الموجودة بين الافراد حيث القدرة على التعلم.

٣.الفرص التعليمية المتمايزة.

<u>ثالثاً: مطالب النمو الاجتماعي:</u>

١.الاعداد للزواج والحياة الاسرية.

٢.اعداد المراهق والمراهقة لقبول دورهما في المجتمع.

٣.التربية الجنسية.

وقد أسفرت البحوث والدراسات الامريكية المتعلقة بالحاجات الضرورية للشباب الى مجموعة من هذه الحاجات نوردها هنا مع اختلاف الظروف التي ينشأ فيها شبابنا عن شباب البلدان الاخرى، إلاّ أننا نرى ان هناك قدراً كبيراً من الصفات التي يمكن ان يشترك فيها طلاب المرحلة الواحدة، وخاصة فيما يتعلق بالنمو الجسمي والفسيولوجي والحركي لذلك فإننا نذكرها بقصد القاء الضوء على بعض الجوانب التي تساعدنا في فهم حاجات شبابنا من أجل التعامل معها بانفتاح وايجابية.

<u>وهذه الحاجات هي:</u>

١.يحتاج جميع الشباب الى تنمية المهارات والمفاهيم والاتجاهات التي تجعل العامل اكثر قدرة على الانتاج في الحياة

الاقتصادية، لذا فإن معظم الشباب بحاجة الى التعرف على فرص العمل، كما أنهم بحاجة الى تربية تزودهم بالمهارات والمفاهيم المتعلقة بالمهن التي يختارونها.

٢. يحتاج كل شاب الى ان ينمو ويحافظ على صحته ولياقته البدنية.

٣. يحتاج جميع الشباب الى فهم ما لهم من حقوق وما عليهم من واجبات بحيث يكونوا قادرين على تأدية ما يطلب منهم من أعمال بمهارة وكفاية تجعلهم مواطنين صالحين في مجتمعهم وفي امتهم.

٤. يحتاج جميع الشباب الى فهم أهمية ودلالة الدور الذي تلعبه الاسرة في حياة كل من الفرد والمجتمع، كما أنهم في حاجة الى معرفة الظروف اللازمة لتحقيق حياة عائلية ناجحة.

٥. يحتاج جميع الشباب الى معرفة كيف يشترون ويستهلكون البضائع بطريقة ذكية، اي ان يكونوا فاهمين ومقدرين للقيمة التي سيحصلون عليها كمستهلكين للبضائع، وفي الوقت نفسه مقدرين للآثار الاقتصادية والمالية التي ستترتب على اعمالهم.

٦. يحتاج جميع الشباب الى فهم طرق العلم، وأثره في حياة الانسان والحقائق العلمية الاساسية التي تتعلق بطبيعة الكون والانسان.

٧. يحتاج جميع الشباب الى ان تتاج لهم الفرص المناسبة لتنمية قدراتهم الرياضية والجسمية ومواهبهم في تذوق جمال الآداب والفن والموسيقى والرسم والكون.

٨. يحتاج جميع الشباب الى معرفة كيف يقضون أوقات فراغهم بطريقة مثمرة وفعالة وسليمة، بحيث تنسجم أوجه النشاط الفردية التي يقومون بها مع اوجه النشاط المفيدة اجتماعياً.

٩. يحتاج جميع الشباب الى التزود بالمعارف التي تساعدهم على احترام الآخرين، وعلى تنمية بصيرتهم بالقيم والقواعد الخلقية التي تمكنهم من ان يعيشوا ويعملوا متعاونين مع الاخرين.

١٠.	يحتاج جميع الشباب الى تنمية قدراتهم على التفكير المنطقي السليم، لكي يصبحوا قادرين على التعبير عن افكارهم بوضوح، وعلى ان يحسنوا فهم ما يقرؤون وما يسمعون.

ملاحظات منتمية للمعلم حول مراحل وعمليات النمو:

مما سبق نستنتج ما يلي:

١.إن اعطاء الطفل فرصاً للتفاعل مع بيئته وتوجيهه بشكل سليم يسارع في تطور القدرة العقلية لديه.

٢.لا بد للأطفال من ممارسة الأنشطة المناسبة حتى يتعلموا، كما يجب ان نعلّم الطفل ما يناسب عقله وعمره ومرحلة نموه.

٣.على المعلم ان لا ينخدع بحفظ الطالب للعبارات المكتوبة، فالحفظ لا يعني ان الطالب قد استوعب او فهم المطلوب.

٤.على المعلم ان ينزل الى العمليات الحسّية اثناء الشرح والتدريس فكثير من الطلاب حتى من هم في سن العشرين لا يستطيعون التفكير بشكل منطقي، أو بشكل مجرد، أي يجب ان نحاول استخدام الوسائل والتجارب والانشطة الحسّية والملموسة في كافة المراحل، وليس فقط في مراحل التعليم الدنيا، وأن نتذكر دائماً بأن هناك فروقاً فردية بين الطلاب يجب الانتباه إليها ومراعاتها في كافة المراحل.

٥.لنجاح عملية التعلم لا بد من توفر الظروف الداخلية والخارجية، فالظروف الداخلية، هي الشروط الواجب توافرها في في المتعلم (الطالب)، مثل مقدرات الطالب نفسه من حيث سنه ومدى استعداده للتعلم، وخلفيته في موضوع التعلم... اما الظروف الخارجية، فهي شروط خارج المتعلم (الطالب), كأن تكون شروط في الموقف التعليمي....

ونتيجة لمراحل عملية النمو عند الاطفال وخصائصها المختلفة فقد قام العالم (جانييه) بترتيب أنواع التعلم في نسق هرمي يتكون من ثمانية انماط اساسية،

بحيث يتدرج من أبسط انواع التعلم وهو الاشارات الى اكثر أنواع التعلم تعقيداً وهو تعلم حل المشكلات.

اما هذه الانماط الثمانية فهي:

١. تعلم الاشارات.

٢. تعلم الترابطات بين المثيرات والاستجابات.

٣. تعلم تسلسلات حركية ارتباطية.

٤. تعلم الترابطات اللفظية.

٥. تعلم التمايزات.

٦. تعلم المفاهيم.

٧. تعلم القواعد والمبادئ.

٨. تعلم حل المشكلات.

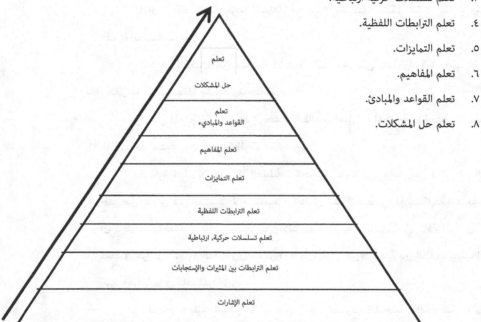

"هرم جانييه لأنواع التعلم"

ففي تعلم التمايزات يتعلم الطفل ان يستجيب استجابات مختلفة لمثيرات مختلفة، كما يتعلم التمايز بين الاشكال والالوان والاحرف والارقام والاسماء...... وغيرها.

أما في تعلم المفاهيم فيصبح بمقدور الطفل الاستجابة لمجموعة مواقف وكأنها صنف واحد من الاشياء، والمفاهيم منها المادية ومنها المجردة، فالمادية يتعلمها من خلال المشاهدة والملاحظة الحسّية، كالمستطيل والمربع والمكعب والمثلث، ومثل الباب والشباك والسبورة والسيارة والمدرسة .... الخ.

أما المفاهيم المجردة فيتم تعلمها باستعمال اللغة في تعريف هذه المفاهيم, وهي تعتمد على مفاهيم سابقة لها، ومن هذه المفاهيم المجردة, الأعداد النسبية والجذور والأعداد الحقيقية.......

أما تعلم المبدأ او القاعدة، فيعتمد على تعلم المفاهيم التي يتكون منها المبدأ، فالمبدأ هو علاقة ثابتة بين مفهومين او اكثر وتعلم المبادئ والقواعد واتقانها يسهم كثيراً في استعمالها لحل المشكلات وفي تنسيق المبادئ والقواعد التي تعلمها الفرد لبلوغ هدف معين, وان حل المشكلات بهذه الطريقة يؤدي الى عملية تنتج تعلماً جديداً، لأن الفرد عندما تواجهه مشكلة فإنه يستدعي جميع المبادئ والقواعد والقوانين التي تعلمها سابقاً للوصول الى حل هذه المشكلة، وهنا يقوم الفرد بعمليات تفكيرية لربط هذه القوانين والقواعد بشكل يلائم الموقف الذي هو فيه لحل مشكلته، ثم يقوم بتعميم هذا الحل مستفيداً منه في حل المشكلات المشابهة الأخرى.

نظرية برونز

يعتبر العالم (برونز) ان الغاية القصوى للتعلم، هي زيادة مستوى الفهم العام للبنية العامة للموضوع الدراسي، فعندما يفهم الطالب البنية العامة للموضوع، يرى الموضوع كلاً متكاملاً مترابطاً، وهذا يؤدي الى ارتباط أشياء أخرى مع البنية بحيث يبرز معناها فتتكون الصور العقلية الكلّية للموضوع، لذا ينصح المعلم بتحسين الظروف التي تمكن الطالب من ادراك التركيب العام للموضوع لان ذلك يؤدي الى زيادة زمن الاحتفاظ بالمعلومات لدى الطالب، فقد ينسى الطالب

التفاصيل الدقيقة او الصغيرة لكن البنية العامة للموضوع تبقى عالقة في ذهنه فلا ينساها.

وقد بنى العالم (برونز) نظريته على قواعد أربع هي:

١. الحفز.
٢. البنية.
٣. التتابع.
٤. التعزيز.

١. <u>الحَفْز:</u>

وتتعرض هذه القاعدة الى ضرورة خلق الدوافع والظروف المناسبة والملائمة لحث وحفز الطالب على التعلم، فكل طالب لديه القدرة والملكة الكامنة للتعلم وهذه الملكة بحاجة الى استثارة وتعزيز, فالتعزيز الخارجي المادي والمعنوي, خاصة المكافأة ضروري لبدء النشاط وتكراره، ولكن يبقى تأثير التعزيز الداخلي اقوى واثبت، لان التعزيز الخارجي مؤقت، لذا على المعلم ضرورة التركيز على الدوافع الداخلية في ابراز ملكة التعلم لدى الطالب وتنشيطها واعطائها صفة الاستمرار.

ويقول برونز ان حب الاستطلاع قد ولد مع الانسان, وهو متغلغل في بنيته البيولوجية، لذا فهو ضروري لبقاء الجنس البشري، والطفل شديد الحب للاستطلاع, فتراه لا يستقر على نشاط واحد، ويتحول الى غيره، وهذا يؤدي الى تقلب مماثل في تتابع الافكار والخبرات، فسرعان ما يفكك الطفل لعبته ليتعرف الى مكوناتها، كما ان لديه الدوافع لابراز كفايته وخبرته وقدرته، فهو يهتم بالاشياء والأفعال التي يتقنها اكثر من زملائه، ونراه يبتعد عن النشاط الذي لا يقدر عليه.

وهنا يأتي دور المعلم في اختيار الانشطة والاعمال التي تناسب كفايات وقدرات طلابه وتتوافق مع قدراتهم العقلية والنمائية ويستغلها للوصول الى اهدافه التعليمية والنتاجات التي يسعى الى تحقيقها.

كما نلاحظ حاجة الطفل للتعامل مع الاخرين وتعززها الدوافع الداخلية لدى الطفل، لذا على المعلم الاستفادة من هذه الحاجة لدى الطفل واستغلالها بشكل صحيح لإيصال المفاهيم والمعلومات الى الطالب من خلال الاساليب المتاحة مثل التعلم باللعب الجماعي والعمل الزمري، وتسهيل اكتشاف البدائل لدى طلابه والتعلم بطريقة الاستقصاء او الاكتشاف.

وتمر عملية البدائل في ثلاث مراحل هي:

أ. <u>التنشيط</u>: لا بد للطلاب من ممارسة حد أدنى من الشك والتوتر ضمن قدراتهم، بحيث لا تكون المسألة سهلة جداً لا يبذل الطالب فيها الجهد والتفكير، ولا صعبة جداً تؤدي الى قنوط الطلاب منها وباهمالها وتركها دون حل، لذا على المعلم ان يعمد الى اختيار المسائل المناسبة لتكون في مستوى قدرات الطلاب حتى تثير فيهم التفكير وحب الاستطلاع وتنشط لديهم عملية الاستكشاف، وحب الاستطلاع هذا لا يمكن اشباعه الاّ بالحصول على الجواب الصحيح, مع ضرورة ان ينتبه المعلم الى الفروق الفردية بين طلابه ويراعي هذه الفروق عند وضع الاسئلة لتناسب جميع مستويات طلابه.

ب. <u>الأمن</u>: بعد تنشيط عملية الاستكشاف لدى الطالب، لابد ان يشعر الطالب ان هذه العملية لا مخاطر فيها ولا ضرر ولا ألم آتي ولا لاحق، ووجود المعلم حول الطالب في جميع مراحل عملية التعلم موجهاً ومرشداً ومتعاوناً يعزز ثقة الطالب بنفسه ويشعره بالامن والأمان والاطمئنان.

ج. <u>الارشاد</u>: يجب ان يكون الارشاد هادفاً لمعرفة الهدف من عملية الاستكشاف، وعلى المعلم والطالب ادراك الصلة الوثيقة بين

د. عملية الاستكشاف والهدف، وهنا يجب ان يكون دور المعلم كمرشد للطلاب من خلال تقديم التغذية الراجعة للطلاب وان يخبرهم بابتعادهم او قربهم من تحقيق الهدف وارشادهم الى الخطوات الصحيحة لتحقيق هدفهم.

٢.البنية:

يقول العالم (برونز) أن أي مسألة او معرفة يمكن تبسيطها لدرجة تتناسب مع مستوى قدرات المتعلم فيفهمها، وهذا يتطلب فقط حسن تنظيم المعرفة، ويقول برونز كذلك، أن البنية المعرفية لأية معرفة يمكن صياغتها وعرضها بإحدى ثلاث طرق هي:

أ. العرض بطريقة الاداء – العمل والحركة: فالأطفال في المراحل الاولى يفهمون الاشياء بدلالة عملها، فالملعقة- نأكل بها، والكرسي- نجلس عليه، والقلم- نكتب به، والنظارة- نرى بها، .... وهكذا، لذا ففي هذه المرحلة يجب ان تتفاعل الخبرة مع جسم الطفل ومع حواسه، فالمهم هو العمل وليس الكلمات.

ب. التمثيل: وفي سن اكبر يبدأ الطفل التفكير بطريقة أخرى حيث تصبح الاجسام عندهم مدركات يمكن فصلها عن عملها، حيث يرسم الطفل ملعقة، أو رافعة، او كرسياً دون ذكر عملية الأكل أو لعبة السيسو أو عملية الجلوس، فهو يكّون صورة عقلية للشيء منفصلاً عن عمله وفي هذه المرحلة يتوجب على المعلم استخدام الرسومات والصور المجسمات والأشكال المختلفة المنتمية لموضوع الدرس.

ج. العرض بالرموز: في هذه المرحلة يستطيع الطالب ان يترجم المعلومات والمفاهيم الى لغة منطوقة او الى كلمات او الى رموز، فيشرح عمل الميزان بالكلمات بدل الصور، ويكتب قانوناً رياضياً بالرموز، وهذا العرض الرمزي يتيح للطالب فرص التفكير

المترابط ويساعده في التدرج المنطقي، ويمكنه من تشكيل الخبرات والمعارف المجردة وعرضها بوضوح، حيث يمكن استخدامها كنماذج كاشفة في التعليم وخاصة في اسلوب الاستكشاف وحل المشكلات.

أما أي الطرق يختار المعلم في هذه المرحلة فيتوقف هذا على عمر المتعلم والمرحلة العمرية التي يعيشها وخبراته السابقة وطبيعة المادة الدراسية، فالمهارات الحركية يتعلمها الطالب بطريقة الاداء واعضاء الجسم بطريقة الرسم والاشكال، والمجسمات بطريقة التمثيل والقوانين الرياضية والفيزيائية بالطريقة الرمزية.

٣. التتابع:

ان مدى صعوبة المادة الدراسية او تبسيطها يعتمد على التتابع الذي عرضت به المادة الدراسية للطلاب، والتعلم يتطلب من المعلم قيادة الطالب خلال تعاقب معين ليمر بالمراحل المختلفة للموضوع الدراسي، وللحيلولة دون حدوث فجوة تؤدي الى بتر الموضوع وعدم تتابعه او ترابطه، ويمر النمو العقلي في تطور معين (عملي، تمثيلي، رمزي) لذا يجب ان ينسجم العرض والمادة الدراسية مع هذا التطور والتتابع، أي ان المعلم يجب ان يبدأ رسالته مخاطباً عضلات الطفل وحواسه أولاً- بدون كلمات ثم يعرض أفلاماً وصوراً وبطاقات ونماذج ورسوماً...، ثم أخيراً يلجأ الى استخدام الكلمات والرموز.

لذا فإن التتابع مهم جداً أثناء عملية الاستكشاف، ولكن على المعلم أن يأخذ بعين الاعتبار ان يكون لدى الطالب الحد الأدنى من التوتر المناسب لينشط بذلك عمليات الحل ويحفز الطالب على المضي قدماً في البحث عن الحل للوصول الى الهدف المطلوب دون ملل او احباط.

٤. التعزيز:

يؤكد (برونز)ان التعزيز ضروري جداً لايجاد حل للمشكلة قيد الدرس، وأن افضل تعزيز هو ما يصدر عن الطالب نفسه مثل تحقيق الهدف او الرضى او الشعور بالفوز والنجاح، فعندما يصل الطالب الى الحل الصحيح فإن ذلك يدخل السعادة والرضى الى نفسه ويشبع طموحه.

أما وقت التعزيز فهو مهم جداً، حيث يجب اخبار الطالب بنتيجة عمله في حينها، فإذا اخبر الطالب مسبقاً بالنتيجة (كأن يساعد المعلم الطالب في اكمال الحل) فإن الطالب يفقد متعة الاستكشاف، أما اذا أُخبر في وقت متأخر، فربما يكون الطالب قد اكتسب معلومات خاطئة مما يشكك في قيمة الاكتشاف، لذا يجب ان ينسجم التعزيز مع الطريقة والمرحلة والتوقيت وان يكون مقبولاً من المتعلم.

ودور المعلم في هذه المرحلة هو توقيت التعزيز واختيار الوقت المناسب ونوع التعزيز المناسب، وتطوير نهج التقويم الذاتي عن المتعلم، واتاحة الفرص للمتعلم (الطالب) ليتمتع ويسعد بناجه.

كما على الملعم ان يدرك ان اسلوب الاستكشاف ليس هو الاسلوب او الطريقة الوحيدة المتاحة للتعلم، وان ليس كل شيء يجب ان يتعلمه الطالب بطريقة الاستكشاف وذلك لان الطالب لا يمكنه ان يكتشف جميع المعارف والخبرات بادئاً من الصفر، ولكن اي تطبيق على معرفة او قانون موجود يمكن ان يتم بطريقة الاستكشاف وقد يستخدم المعلم اسلوب الاستكشاف الموجه والذي يتم باشراف المعلم على نشاطا الطالب وتوجيهه بشكل محدود، أو أسلوب الاستكشاف الحر، وهو عدم تدخل المعلم في نشاط الطالب، وترك الطالب يعمل بحرية دون توجيه او اشراف من المعلم.

الفصل الثاني

٢

النظرة المعاصرة للطفولة التي
تقوم عليها تربية الطفل

تميز الطفل عن الراشد في تفكيره

مراحل التفكير عند الطفل

تميز الطفل عن الراشد في تفكيره

إن التفكير عملية معقدة وهي ليست مقصورة على الكبار فقط، بل هي هبة فطرية من الله لعباده صغيراً وكبيراً, فكما أن الكبير يفكر, فكذلك الصغير ولو بدرجة أقل نضجاً وبطريقة قد تختلف كثيراً أو قليلاً عن تفكير الكبير.

ففي حين يفكر الكبير بطريقة منطقية يرتب الأفكار ويزن الأمور, وسيلته في ذلك العقل والمنطق، وبالمقابل نجد أن الطفل يفكر بشكل سطحي غير مرتب وغير منطقي.

وإن بوادر التفكير وعلاماته تظهر عند الطفل في سن مبكرة، ففي حوالي سن الثالثة من عمره تظهر مثل هذه الإمارات، فنجده مثلاً اذا فقد شيئاً يخصه كقطعة حلوى أو احدى لعبه، أو غابت عنه أمه أو أحد المألوفين اليه فإنه في مثل هذه الحالات يفكر في الطريقة التي سيستعيد فيها ما فقده.

وأكبر دليل على تفكيره أنه إذا تعرض لظاهرة غريبة كسماعه صوت الرعد أو مشاهدته البرق، فإن ذلك يدفعه الى حب الاستطلاع واستيضاح الأمر دلالة على أنه يفكر.

وقد يصيب الطفل في أفكاره وقد يخطئ كما هو الأمر عند الكبير، إلاّ أن احتمالات الخطأ لديه أكبر وذلك بسبب عدم اكتمال نموه العقلي، خاصة في السن المبكرة ولقلة خبرته في الحياة، ولأن حصيلته من التجارب وحل المشكلات قليلة لأنه لم يمارسها طويلاً كما هو عند الكبير الراشد والذي خبر الحياة وعارك البيئة، كما أن الطفل يفتقر الى سلامة ترتيب الأفكار وتنظيم المعلومات الخاصة بالمشكلة، وبالتالي فإنه يتعثر في ايجاد الحلول المناسبة وتعميم النتائج في أحكامه.

والمهم في الأمر أن هذا الطفل كائن بشري يمتاز بالتفكير، فهو يشغل ذهنه ويستعمل عقله، ونستدل على تفكير الطفل من مظهره واستجاباته للمتغيرات حوله، ففي أقواله وأفعاله وتشبيهاته المتنوعة حينما يعجز عن التعبير لأكبر دليل على أنه يحاول أن يعلل الأشياء ويجد حلولاً للمشكلات ويتخطى الصعوبات التي تعترضه، فهو يكثر من الأسئلة ولا يكف عن حب الاستطلاع، وحتى يصل الى المعرفة فإنه يستعين بمفاتيح هذه المعارف مثل: لماذا...؟ وكيف... وأين... ومتى...؟؟

وتبدو عليه إمارات السرور والارتياح حين يحصل على إجابة مقنعة لبعض أسئلته واستفساراته، فهو يسأل مثلاً لماذا هذا الكرسي، وكيف تضع الدجاجة البيضة، وكيف تلد الهرة؟، ومن أين جاء أخي الصغير..؟ وغيرها من الأسئلة الكثيرة والتي قد نضيق بكثرتها في حين أنها ضرورة ملحة للطفل من أجل بناء حصيلته المعرفية وتكامل شخصيته.

وإن المرحلة الأولى من تفكير الطفل تدور كثيراً حول حب الاستطلاع، فهو يحاول أن يتعرف الى كل شيئ حوله، وخاصة ما له علاقة بالأسرة والبيت، فهو ينطلق من الأشياء التي ترتبط بوالديه، فيستفسر عن كل ما له علاقة بعملهما ويحاول أن يتعرف على موجودات المنزل واذا ما سؤل عن شيئ فإنه في مرحلة لاحقة يناقش ويحاول أن يقنع غيره، وهكذا، نجد أنه يرتقي في تفكيره وتتزايد نسبة إصابته في حلوله واجاباته بتزايد رصيده من الخبرة وارتقاء مداركه، مع اقترابه من مرحلة الرشد.

مراحل التفكير عند الطفل

لقد قسَم العالم بياجيه مراحل الإدراك والمقدرة على التفكير الى المراحل التالية:

١) مرحلة الإحساس والحركة (المرحلة الحس حركية) (من الولادة حتى سنتين):

وفيها يفكر الطفل ويتعلم عن طريق الأحاسيس، أي عن طريق التعامل باليدين، العينين، الأذنين.... ثم بقية أجزاء وعضلات الجسم، وإن جميع انطباعات الطفل عن العالم حوله، تتشكل من الإدراكات الآتية من الحواس الخمس، فعن طريقها يتمكن من معالجة البيئة ثم يتكون السلوك وينمو العقل، وبالتالي يكون مفاهيمه وانطباعاته عن العالم من حوله،

وفي هذه المرحلة يتمكن الطفل من القيام بما يلي:

أ. الإنعكاس المبكر: أي الاستجابة الفطرية أو الولادية، والطفل هنا يقوم بها دون تعلم مسبق لأهميتها في بقائه، ومن الأمثلة على هذه الاستجابات والتي تتم بدون تفكير مثل الرضاعة والبكاء.

ب. ردود الفعل الدائرية: حيث يكرر الطفل الأفعال مرات ومرات بصورة متعمدة ومقصودة مثل: حركات اليدين والرجلين.

ج. عدم التفكير في تأثير الاستجابات قبل أدائها أو حدوثها، والمثال على ذلك، النار حين يلمسها الطفل.

د. الثبات أو الديمومة النسبية: أي أن الشيء موجود بالنسبة للطفل مادام يراه، فإن غاب عن نظره فهو غير موجود، فالأم موجودة وحية مادامت أمامه ويراها.

أي أن الإستجابة في هذه المرحلة مرتبطة بالمثيرات, فمن خلال حواسه يتعرف إلى أشياء محدودة(أعمال انعكاسية), وفي هذه المرحلة لا تظهر على الطفل أي تصرفات تدل على تفكير أو أي تصور للأجسام أو الأعمال.

٢) المرحلة العقلية قبل الإجرائية(٢-٤ سنوات):

وتعرف هذه المرحلة بأنها مرحلة ماقبل المفاهيم, وفيها تكتسب المثيرات معانٍ مختلفة, إذ يستخدم الطفل المثيرات لترمز إلى الأشياء وتحل محلها, فالبنت تعتبر لعبتها العروسة طفلاً, والولد يعتبر العصا حصاناً أو بندقية.... وهكذا.

<u>على أن أهم ما يميز هذه المرحلة مايلي:</u>

أ. استخدام الإشارات, الرموز, ثم اللغة بدءاً من المقاطع إلى الكلمات ثم إلى الجمل القصيرة وبعدها إلى الجمل الطويلة.

ب.   وضوح مبدأ الثبات للأشياء وبقائها, وذلك بدون الحاجة إلى وجود الموضوع أوالشيء نفسه, أو مايعرف بديمومته.

ج.   السببيَة : أي أن الأشياء يمكن إحداثها بشكل أو بآخر من حيث أوضاعها وأماكنها, أي أن لكل نتيجة سبب, فهو يفهم أن نقل الشيء من مكان إلى آخر يعني تقريبه أو إبعاده, كما يعلم أن جذب الشعر أو وخز الدبوس يسببان الألم, أي أن أشياء تكون سبباً في حدوث أشياء أخرى. بمعنى أنه يصبح قادراً على إدراك معنى الأسباب والمسببات.

٣) المرحلة الحدسية (٤-٧ سنوات):

في هذه المرحلة تبدأ اللغة بالظهور, وتترجم على أساسها الحركات والأحاسيس المختلفة إلى افكار ورموز, ويوسع الطفل النموذج الذي بناه عن العالم الخارجي عن طريق لعبه وخياله واكتشافاته واستفساراته ومشاركته في الكلام, ويكون تفكيره سطحي ومرتبط بالمظاهر الإدراكية (أي مايحسه ويراه).

كما أن الطفل في هذه المرحلة لا يستطيع أن يفكر في مفهومين معاً, لذا على المعلم/المعلمة أن يدرك في هذه المرحلة أن قدرة الطفل على الإستيعاب تكون محدودة, لذا فلا يجوز إرهاق الطفل بمفاهيم ومعلومات هي فوق طاقته وقدرته وفوق مدى إدراكه, لذا على المعلم أو الوالدين في هذه المرحلة اللجوء إلى الوسائل والأمثلة الحسية والملموسة حتى يرتبط المفهوم في ذهن الطفل بشكل صحيح وسليم.

وتمتاز خصائص هذه المرحلة بما يلي:

أ. التطور اللغوي : ينمو الطفل في هذه المرحلة في استخدام اللغة بشكل أفضل, فيبدأ بمفردات قليلة وأشباه جمل, وينتهي بجمل مفيدة وحصيلة لغوية كبيرة نسبياً ويرق تفكيره ومعرفته نتيجة نمو ثروته اللغوية.

ب.   التفكير الخيالي : تزداد مفاهيم الطفل في التعقيد, فرغم أنه لازال يعتمد بشكل أساسي على مايراه أو يحس به, إلا أنه مع ذلك يفكر في أشياء غير موجودة أمامه وهو ميّال لاستخدام الخيال والتفكير الإيهامي, فهو يكلم نفسه, ويتحدث مع لعبته ويعاقبها, ويسرد قصصا من مخيلته, وتنمو لديه أفكار التجسيد, فيظن أن الألعاب تأكل وتشرب وتغضب ....

ج‌. يدور تفكيره حول نفسه ولكنه يهتم بالآخرين أيضاً (التطور الإجتماعي), حيث يبدأ الطفل بتقبل غيره, ويتعامل مع الكبار والصغار وتنمو لديه بعض العادات الإجتماعية مما يتعلمه ويلاحظه مما حوله.

د. يحل بعض المشكلات بصعوبة, على أن تكون هذه المشكلات تعتمد على بعد استثاري واحد.

مثال: إذا وضعت كميتان متساويتان من الماء في أنبوبين متفاوتين في السعة والشكل, فإن الأنبوب الأطول هو الأكبر حجماً عند الطفل, لأنه قد ركز هنا على جانب واحد هو الطول. لذا فهو يعرف الحالات, لكنه لا يدرك عمليات التغير, فهو يأكل التفاحة .... ويطالب بها.

ه‌- يعجز الطفل هنا القيام بعمليات التصنيف أو الإحتفاظ أو العكسية, فمفهوم المكان والزمان لديه غير مكتمل, فهو يعرف الماضي والمستقبل, ولكن دون عمق, كما يعرف الأمكنة ولكنه لا يستطيع أن يرتبها حسب بعدها أو قربها, وفي هذه المرحلة لا يقدر الطفل على إجراء العمليات العقلية لأنه لا يستطيع التفكير منطقياً ويخلط الحقيقة بالخيال ....

و- التقليد: يقوم الطفل بتقليد الأصوات والحركات والأفعال التي يراها ويلاحظها, وهذا يدل على تخزين فكري أو استيعاب لهذه الحركات والأفعال.

ز- محب للإستطلاع, وإذا بدأ بشيء فمن الصعب أن تجعله يتوقف, فلو بدأ حديثاً, فمن الصعب أن توقفه قبل أن ينهي كل مايريد قوله.

٤) المرحلة الإجرائية- مرحلة العمليات المحسوسة(غير المجردة) (من٧-١١ سنة):

وتعرف هذه المرحلة أيضاً بمرحلة الذكاء المحسوس, حيث يستطيع الطفل في هذه المرحلة أن يربط بين المفاهيم المختلفة بعلاقات إما رياضية أو منطقية, وأن يفكر تفكيراً منطقياً (غير مجرد), أي في أشياء ملموسة ومحسوسة (أشياء حقيقية).

<u>وتمتاز هذه المرحلة بما يلي:</u>

أ. بداية التفكير الحقيقي, أي أن الطفل في هذه المرحلة يفكر بأشياء غير موجودة أمامه ولكنه يفكر بشكل أرقى من المرحلة السابقة, حيث يدرك الطفل عمليات الجمع والطرح والضرب والقسمة واشارات أكبر من > وأصغر من<.

ب. بإمكانه القيام بعمليات الإحتفاظ العكسية والتصنيف, فمفهوم حفظ الأشياء يبدأ من سن ٨ سنوات, وحفظ الوزن من سن ٩ سنوات وحفظ الحجم من سن ١١ سنة.

ج. يستعمل المنطق والتبرير العقلي ولكن بشكل محدود, والتحديد هنا يدعمه بما يراه ويحسه, أي يستمر الفهم لديه من خلال العمليات الحسّية المباشرة حيث يرتبط التفكير بالمثيرات والحوافز والتشجيع.

د. يدرك أبعاد الزمان والمكان بتحديد الأبعاد وترتيب الفترات الزمنية.

ه. لا يتقبل العمليات العقلية المعقدة, أي أنه لا يتقبل الإفتراضات الغريبة, فلو قلنا له: تصور أن الطفل سيولد بطول ٥سم, فإنه لا يهتم ولن يصدق وسيهزأ بالإفتراض ويضحك.

و. تنمو لديه القدرة على إدراك التحولات, مثل تحول الصلب إلى سائل والسائل إلى غاز, ومفهوم الطول والمساحة والحجم.

ز. يستطيع استخلاص النتائج من التجارب, ويدرك العلاقات البسيطة بين المتغيرات.

٥) **مرحلة العمليات الشكلية(التصورية)(أي مرحلة العمليات المجردة)(من سن ١١- سن الرشد):**

وتعرف هذه المرحلة أيضاً بمرحلة الذكاء المجرّد, حيث يعتمد التفكير هنا على استخدام المفاهيم والإستعانة بها, ويبلغ الطفل في هذه المرحلة أقصى مراحل النمو في التفكير على أساس العمليات المجردة والتي تبلغ ذروتها في سن(١٤-١٥ سنة) ويكون تفكير الطفل(البالغ) فيها على أساس تركيبي منطقي قائم على وضع الفروض والإستنتاج الإستدلالي.

ومن خصائص ومميزات هذه المرحلة مايلي:

أ. يستطيع الطفل في هذه المرحلة أن يستوعب الأفكار على أساس العمليات المجردة, سواء كانت لغوية أو رمزية, فيفهم القوانين والنظريات والإستعارات والكنايات والتشبيهات... وغيرها, ويعرف معنى الكرم والشجاعة والتضحية والوطنية.... الخ.

ب. يستطيع التفكير بطريقة منطقية, فيستعمل طرق الإستقراء والإستنباط والمقارنة في تفكيره, أي يزن الأفكار بالعقل والمنطق.

ج. يستوعب مفهوم التجربة, فيفهم الهدف والفرض والنظرية, يضع الفروض ويختبرها, يغيِّر فيها ويضيف إليها أو يحذف منها, ويستطيع التفكير في تجربة بديلة تؤدي نفس الغرض.

د. يحلّل ويركب ويقيّم, وهي أرقى عمليات التفكير, ويستطيع أن يفكر تفكيراً متشعباً, أي يدرك جميع نواحي المشكلة في نفس الوقت.

ه. في هذه المرحلة قد لا يحتاج الطفل إلى مثيرات أو ألى دوافع خارجية, حيث يمكنه أن يكون صاحب المبادأة.

و. يستطيع في هذه الملرحلة التمييز بين الفرض والحقيقة, والتمييز بين الرأي والواقع وبين النظرية والقانون, كما يستطيع أن يطبق نظرية على عدة أشكال ومسائل, كما يستطيع تطبيق عدة نظريات على مشكلة واحدة.

الفصل الثالث

٣

البرامج التربوية الموجهة لأطفال ما قبل المدرسة

أهمية تخطيط البرامج التربوية

البرنامج التربوي اليومي

البرنامج التربوي الاسبوعي

البرنامج التربوي الشهري

البرنامج التربوي السنوي

أهمية تخطيط البرامج التربوية

يعتبر التخطيط الدقيق والمبكر للبرامج الموجهة لاطفال ما قبل المدرسة ضرورة ملحة في العصر الحالي, الذي تفجرت فيه المعرفة والمعلومات وتدفقت بشكل واسع لتغمر عالم الاطفال وتثري بيئتهم، فقد أصبح لزاماً على المسؤولين عن التخطيط والتصميم والاعداد والتوجيه والاشراف على الاطفال ان يعدوا البرامج التي تزودهم بالمفاهيم والخبرات والتي تكسبهم الاتجاهات والميول والعادات والتقاليد والتي تمكنهم من الحياة في مجتمع اليوم وتساعدهم على فهم البيئة التي يعيشون فيها مع متطلباتها وامكانياتها الحديثة.

ولقد أكدت الاتجاهات المعاصرة في تربية اطفال ما قبل المدرسة على اهمية تعريض الطفل للمثيرات الملموسة والمحسوسة المختلفة واكسابه المفاهيم المناسبة التي تساعده على اللحاق بهذا الركب الهائل من التطور التكنولوجي العلمي المعاصر وذلك حتى لا نضيع عليه الكثير من طاقاته وقدراته العقلية، وحتى لا نفقده الكثير من الخبرات قبل ان يصبح في عمر الالتحاق بالمدرسة.

وفي الواقع فان العديد من الدراسات والأبحاث الحديثة قد أكدت على أهمية السنوات الأولى من حياة الطفل واعتبرتها السنوات التكوينية التي توضع فيها البذور الأولى لعوامل الشخصية الانسانية الصحيحة المتكاملة النمو جسمياً وعقلياً ونفسياً واجتماعياً وعاطفياً.

ولقد أكد العديد من علماء تربية الطفل أمثال فروبل وبستالوتزي وروسو ومنتسوري وغيرهم, بأن النمو الإنساني في مراحله الأولى ما هو إلاّ عملية اكتشاف وتفجير لطاقات وقدرات ومواهب الأطفال.

كما أكد العديد من الباحثين والدارسين في مجالات الطفولة عل اهمية اعداد وتهيئة البيئة المناسبة لنمو الطفل واثرها في استثارة ميوله وتحريك دوافع حب الاستطلاع والاستكشاف لديه، وحفزه على المثابرة والوصول به الى افضل واجود مستويات التعلم، لذا كان لا بد من توفير بيئات مناسبة لنمو الاطفال تكون غنية بالمثيرات المحسوسة والملموسة والواقعية والمناسبة الآمنة وغير الخطرة.

والمعروف ان صغار الاطفال تواقون إلى المعرفة، شغوفون للحصول على المعلومات لما يتميزون به من دوافع للحركة وحسب الاستطلاع ورغبة في الاستكشاف وقدرة على توجيه التساؤلات والاستفسارات المستمرة والمتابعة, والتي يجب ان تكون الاجابة عليها واضحة وصحيحة ومحددة وتتناسب مع مستوى فهم الطفل وادراكه حتى يتمكن من الاستفادة مما ورد فيها، وحتى يدرك ما فيها من خبرات ومعلومات.

وفي الحقيقة ان المراقب او الملاحظ لمجموعة من الاطفال خلال مراحل وخطوات تعلمهم لخبرة جديدة يجد نفسه مستمتعاً ومشدوداً بما يثيرونه من تساؤلات وما يقومون به من تصرفات وحركات وما يفعلونه من اعمال وممارسات، مما يجعله يشعر بالسعادة والسرور والغبطة ويثري من خبراته ومعلوماته عنهم حتى لو كان من المتخصصين في مجالات الطفولة المختلفة.

كما يتصف صغار الاطفال بحب الاستطلاع والرغبة في الاستكشاف والتعلم حيث نرى ان الغالبية العظمى منهم ترغب عادة في لمس الاشياء التي تقع تحت أيديهم، وشمها وتذوق طعمها وتفحص طبيعتها، والاستماع الى ما يمكن ان تحدثه من أصوات، وممارسته جميع انواع الشدة معها، وجذبها وطيها ونقلها ورميها على الارض، ودحرجتها وفكها وتركيبها وغسلها وعصرها..... واجراء جميع أنواع الممارسات الممكنة عليها، لذا يجب ان لا نمنع الطفل من ممارسة مثل هذه الاساليب على هذه الاشياء حتى نتيح له اكتشاف بيئته والتعرف عليها وعلى

مكوناتها ومساعدته على اكتشاف ذاته مما يجعله يشعر بالثقة في الذات والاعتماد على النفس.

لذا فإن دور الكبار في هذه المرحلة هو تمكين الطفل من الاكتشاف والتجريب وتشجيعه على اختبار مكونات بيئته الخاصة تحت اشرافهم ولضمان سلامته ولعدم تعرضه للمخاطر، مع التحلي بالصبر وطول البال والتحمل والانصات والاستماع باهتمام الى أسئلة الطفل الكثيرة والاجابة عن استفساراته لتشجيعه وحتى لا نعرضه للاحباطات واليأس والانسحاب من المواقف المختلفة بمجرد التعرض لها.

لذا فالأطفال كما قال العالم برونر (Bruner, 1975) قادرون على التعلم اذا استُخدِم معهم الاسلوب المناسب لمستواهم العقلي.

ويرى الكثير من المهتمين والمتخصصين في مجال الطفولة ان الطفل يكون مستعداً لدخول (رياض الاطفال) عندما يبلغ العام الثالث من عمره مع ضرورة مراعات الفروق الفردية بين كل طفل وآخر، وذلك لان البعض منهم يكون مستعداً للتدريب على الخبرات والمفاهيم المختلفة التي تقدمها (الروضة) في سن مبكر عن ذلك، لذا يجب على آباء الاطفال والمشرفين على تربية الاطفال وتوجيههم ان يضعوا في اعتبارهم عوامل اخرى الى جانب العمر الزمني للطفل ومن أهمها, مستوى النمو الجسمي والحركي والعقلي والاجتماعي والنفسي للطفل بما يساعدهم في تحديد مستوى مهارته وقدراته وبما يمكنهم من محاولة تعويض أوجه القصور والنقص والتي يكون قد عانى منها الطفل، وحتى نساعده على النمو الشامل المتكامل وحتى لا يواجه الطفل بمشاكل او صعوبات نمائية في المستقبل.

كما يمكن للمشرفين على الاطفال والموجهين لنموهم ان يتحققوا من نمو الطفل من خلال محاولاتهم الاجابة عن التساؤلات التالية:

- هل يتماشى النمو الجسمي للطفل مع النمو الجسمي للأطفال في مثل عمره؟
- وإذا كان نموه أقل من مستوى نمو من هم في هذا العمر فهل القصور في النمو كبير؟ أم انه بسيط؟
- وكيف يستجيب الطفل للكبار المحيطين به في البيئة؟
- وما علاقة الطفل بوالديه؟ وهل يشعر الطفل بالارتياح والامان؟
- وهل يبادر الطفل بالتدخل في المواقف المختلفة، أم انه ينسحب منها، أو يكتفي بالاستجابة إذا ما طلب منه ذلك؟؟ وهل يتردد الطفل في استجابته، أم ينطلق واثقاً من ذاته معبراً عما يود التعبير عنه دون خوف او تردد؟؟؟

إن هذه التساؤلات والاجابة عليها بصدق وصراحة تمكن الكبار والمشرفين من الكشف عن جوانب القوة او الضعف في نمو الطفل، وتظهر لهم نواقص نموه ومجالات قصوره، فيعملوا على تعويضها و اشباع ما يعانيه من نقص او قصور، عن طريق اختيار الألعاب التربوية أو الأنشطة الحركية او الفنية المناسبة والمدروسة، والتي تزوده بالخبرات وتكسبه الاتجاهات الصحيحة وتنمي من ميولة وتفجر طاقاته وقدراته العقلية بحيث تقدم للطفل على شكل موقف متكامل مترابط وتبعاً للمستوى الذي يحتاجه كل طفل.

والمقصود بمفهوم البرنامج بأنه مجموع الأنشطة والألعاب والممارسات العملية التي يقوم بها الطفل تحت اشراف وتوجيه من جانب المشرفة التي تعمل على تزويد هذا الطفل بالخبرات والمعلومات والمفاهيم والاتجاهات التي من شأنها تدريبه على أساليب التفكير السليم وحل المشكلات التي ترغبه وتحفزه على البحث والاستكشاف.

ويتحقق هذا البرنامج من خلال الطريقة او الاسلوب الذي تتبعه المشرفة والذي تترجمه الى برنامج تربوي متكامل ومصمم لفترة زمنية محدودة ومصاغ له

أهداف سلوكية واضحة ومحددة تسعى المشرفة مع الطفل الى تحقيقها خلال الفترة المحددة بحيث تتناسب مع قدرات الأطفال وتتدرج به من السهل الى الصعب ومن البسيط الى المركب ومن العام الى الخاص ومن الكل الى الجزء ومن خلال استخدام تكنولوجيا التعليم المناسبة لكل موقف تربوي والتي تساعد في توضيح وتبسيط أبعاده وجوانبه وترغّب كل طفل في انشطته وتمكنه من استمرار البحث والمتابعة، وتوسيع مدى انتباهه وتكسبه الخبرات والمهارات المتدفقة من الموقف التربوي المناسب والغني بالمثيرات والمنبثق من الاسلوب والتكنيك الذي تمارسه المشرفة مع الطفل خلال هذه الفترة المحدودة.

وعلى المشرفة ان تنتبه الى ضرورة اتباع التغذية الراجعة Feed back وأسلوب التقويم المستمر لكل هدف والتي تجعل الطفل الناجح يستمر في العمل واللعب والاستمرار بسعادة وسرور في تنفيذ أنشطة هذا البرنامج، وتوجيه الطفل غير الموفق إلى الأنشطة والممارسات السابقة لاعادة التدرب عليها، مع مراعاة الفروق الفردية وقدرات الأطفال المختلفة والمتفاوتة.

ويمكن للبرنامج التربوي ان يكون يومياً او اسبوعياً أو شهرياً او سنوياً معتمداً على خطة تربوية واضحة ومحدودة تراعي مستويات الطلاب النمائية جسمياً وعقلياً واجتماعياً ونفسياً.

فالبرنامج التربوي اليومي: يشمل جميع الأنشطة والممارسات والألعاب والمواقف والأساليب التي يمارسها الطفل والمشرفة خلال يوم كامل من أيام الأسبوع بحيث تكون مناسبة لمستوى نمو الطفل الذي وضعت من أجله وتبرمج بحيث تفصل بين كل نشاط وآخر فترة للراحة أو التغذية أو النوم أو قضاء الحاجة او التسلية .... الخ، كما يجب برمجة هذا البرنامج اليومي بحيث يعمل على توسيع مدارك الطفل وتدريبه على التفكير السليم المنظم والانتقال به من نشاط لآخر من

خلال اتباع أسلوب جذاب يشد انتباه الطفل ويستميله ويحفزه على استمرارية العمل والنشاط بسرور وسعادة ليكمل برنامجه اليومي وهو سعيد ومستمتع وغير متعب.

أما البرنامج الأسبوعي: فهو البرنامج التربوي الذي يشمل جميع الأنشطة والممارسات والألعاب والمواقف والأساليب والطرائق التي يمارسها الطفل والمشرفة لمدة اسبوع كامل، بحيث توضع لها خطة واضحة ومحددة تحدد الممارسات والأنشطة التي تقدم للطفل في كل يوم من أيام هذا الأسبوع ضمن الأهداف السلوكية الواردة في الخطة والتي تضمن تحقيق الأهداف والنتاجات السلوكية المعرفية والوجدانية والنفسحركية المناسبة لمستويات الأطفال العمرية والنمائية والفروق الفردية بينهم مع وجود خطة تقويمية مستمرة مدروسة ومناسبة.

أما البرنامج الشهري: فهو البرنامج التربوي الذي يشمل جميع الانشطة والألعاب والمواقف والزيارات والرحلات التي يقوم بها الطفل مع المشرفة خلال شهر كامل يمضيه الطفل في دار الحضانة او الروضة، وقد يتضمن هذا البرنامج جميع الأنشطة والأعمال التي يبرمج لها لتشمل نصف عام دراسي كامل يقضيه الطف في دار الحضانة أو الروضة.

ويكون البرنامج الشهري في هذا المخطط أكثر اتساعاً من البرنامج اليومي والأسبوعي بحيث تشمل الخطة الشهرية لكل مستوى من مستويات اطفال الروضة او الحضانة (بحيث يتم تقسيم أطفال الحضانة الى مستويات تبعاً لاعمارهم الزمنية) حيث يكون بالحضانة عادة ثلاث مستويات:

• أطفال المستوى الاول ممن تبلغ اعمارهم ٣ سنوات فأقل.

• اطفال المستوى الثاني ممن تبلغ اعمارهم ٤ سنوات فأقل.

• اطفال المستوى الثالث ممن تبلغ اعمارهم ٥ سنوات فأقل.

وعادة ما توزع الخطة الشهرية على أيام الشهر ويوضع لها برنامجاً هادفاً يهدف الى تحقيق العديد من الاهداف والنتاجات السلوكية المعرفية والوجدانية والنفسحركية والتي توزع ضمن العاب وأنشطة تنفذ خلال فترة زمنية محددة.

أما البرنامج التربوي السنوي: هو ما يسمى الخطة السنوية لعمل الروضة والتي توزع على مستويات ثلاثة تتمشى مع المستويات النمائية للأطفال، بحيث تبرمج على شهور السنة واسابيعها وأيام الأسبوع وفترات الأسبوع وفترات الانشطة المحددة في كل يوم بما يتناسب وخصائص ونمو الطفل المختلفة.

وهكذا يتكون البرنامج التربوي السنوي للروضة من مجموعة من الخبرات التعليمية المتكاملة المقسمة الى أقسام ثلاثة تتمشى مع الأعمار الزمنية للأطفال الموجهة اليهم في الروضة او الحضانة والتي عادة ما تشتق من خصائصهم النمائية والعمرية وتنبثق من حاجاتهم وقدراتهم الخاصة والتي تسعى نحو تحقيق مطالب نموهم وتسهل عليهم الانتقال من مستوى لاخر، ولتتكامل الخبرات المقدمة للطفل خلال العام الدراسي الواحد والتي تهيء الطفل نفسياً وجسمياً وحركياً وعقلياً واجتماعياً بما يساعده على النجاح في مستقبل حياته التعليمية والعملية.

وسأعرض فيما يلي جدولاً مقترحاً يمثل نموذجاً واقعياً لبرنامج سنوي لدار حضانة او روضة، وهو مبرمج تبعاً لمستوى اعمار الأطفال المقدم لهم:

أطفال المستوى الثالث ٥ سنوات فأكثر	أطفال المستوى الثاني ٤ سنوات فأكثر	أطفال المستوى الاول ٣ سنوات فأكثر
من انا (أجهزة جسمي)	من انا (أجهزة جسمي)	من انا (اعضاء جسمي)
اقاربي	الماء في حياتي	ملابسي
اصدقائي	الهواء في حياتي	لعبتي، دراجتي، كرتي
الليل والنهار	عيد ميلادي	كتابي، دفتري، حقيبتي
الصيف والشتاء	الحيوانات في منزلي وفي بيئتي	نظافتي

سلامتي	الطيور	اماكن العبادة
صحتي	المواصلات وانواعها وامثلة عليها	مولود جديد في اسرتي
غرفة نومي، سريري	التليفزيون والكمبيوتر	الكهرباء في بيتي
أسرتي	المكتبة	الماء في بيتي
بيتي	بلدي	المرور في شوارع بلدي
روضتي	صلاتي	ذهبت للعمرة/الحج مع اسرتي
رفاق لعبي وأصدقائي	الاعياد	احتفلنا بالمولد النبوي

وفي الحقيقة فإن الخبرات التعليمية والتعلمية الواردة في الجدول السابق ما هي الاّ أمثلة ونماذج من الخبرات ذات المستوى المتدرج والتي تتوافق مع الخصائص النمائية للطفل والتي تهيؤه وتجهزه وتساعده للخروج والانتقال التدريجي من دائرة الذات الى البيئة الخارجية الصغيرة والممثلة في الأسرة فالأكثر اتساعاً والتي تمثل بلدته الصغيرة، ثم وطنه الأكبر.

لذا، فإن قيام المشرفة / المعلمة بتخطيط واعداد برنامجها السنوي يتطلب منها الجهد والخبرة والمهارة، بالإضافة الى الالمام بالأساليب العلمية التي تمكنها من التخطيط الجيد والتي من اهمها معرفة خصائص ومواصفات ومطالب وحاجات الطفل الذي تخطط له، والإلمام بأساليب التعليم والتعلم المناسبة له، بالإضافة إلى أساليب ومهارة صياغة الأهداف السلوكية المعرفية والوجدانية والنفسحركية، ومعرفة أساليب وطرائق التقويم الواقعي والحديث.

الفصل الرابع

٤

المدرسة التقدمية وتربية الطفل

62

المدرسة التقدمية وتربية الطفل وموقف جون ديوي منها

لقد ارتبط اسم العالم التربوي جون ديوي بالمدرسة التقدمية التي اعتبرت الطفل هو المركز الاساسي للتربية ومحورها، ورغم أن (ديوي) ليس الوحيد الذي تطرق لمثل هذه الحقيقة فقد سبقه (روسو) الذي ربط التربية بقوى الطفل وميوله الطبيعية بحيث لا ان تُملى او تفرض عليه. وهناك غيره من العلماء التربويين أمثال فروبل بستالوزي التي اخذت التربية على يدها اتجاهاً تطبيقياً ومنتسوري وارنون جيزل وأخرون ممن لهم باع طويل في هذا المجال.

غير ان جون ديوي قد أبرز معالم هذه المدرسة وطورها نتيجة خبرات طويلة متصلة بتاريخ طويل مع التربية العملية الواقعية، فقد عمل جون ديوي ترافقه زوجته, التي عملت الى جانبه كمدرسة في المدرسة التجريبية الملحقة (بجامعة ميتشيجان) في الولايات المتحدة الامريكية والتي كان لها الفضل في انشائها.

وقد عمل (جون ديوي) على تطبيق أفكاره التربوية، ولكثرة النجاح الذي حظيت به فقد انتشرت افكاره في أمريكا وباقي الدول الاروبية خاصة إبان الثورة الصناعية، حيث وجدت هذه المدارس وهذه الأفكار ميداناً متسعاً للتجربة، ولكن هذا لا يعني عدم وجود مفكرين خالفوه وأعلنوا عدم رضاهم عن الأفكار التقدمية التي ركزت عليها مدرسته...

وكان من أبرز الاهتمامات والأفكار التي ركّز عليها ديوي هو تدريب الطفل على التكيف الاجتماعي في حياتهم حتى تتلائم مع الحياه المتطورة بفضل الثورة الصناعية وما أدخلته من تغييرات وتطورات في مجالات الحياة، ومن ضمنها الحياة الاجتماعية.

إن المدرسة في نظر العالم التربوي جون ديوي شكل من أشكال الحياة الاجتماعية النشطة والفعّالة، لذا يجب ان تترفع عن كونها مكاناً يحشر فيه الأطفال بهدف تلقي المعلومات فقط، وإن العمل في رأيه هو الوسيلة الأمثل والأفضل للتعليم وان الأطفال فيها ما وجدوا لتلقينهم وحشو اذهانهم وأدمغتهم بالمعلومات النظرية البعيدة عن حياتهم العملية الواقعية.

وقد ذاعت شهرة ديوي بعد أن صدر مؤلفه الشهير (الطفل والمنهج) عام ١٩٠٢ وذلك أثناء توليه إدارة كلية التربية في جامعة شيكاغو في شمال الولايات المتحدة الأمريكية، وقد هاجم في كتابة الطريقة القديمة التقليدية في التربية والطريقة التي تقدم فيها المعلومات للطلاب، ورفض فكرة تقسيم عالم الطفل واعتبر الطفل كل متكامل، يحقق ذلك الربط بين الطفل والمنهج فهما طرفان لعملية واحدة لا يمكن تجزئتهما أو تقسيمها.

وعند زيارة ديوي روسيا بعد الثورة الشيوعية عام ١٩١٧م واطلع على نظمها التربوية، وجد أن الثورة الصناعية قد فككت الروابط الأسرية، فالطفل بعيد كل البعد عن حياته الواقعية، لدرجة أن الطفل يجهل اعداد طعامه او تأمين لباسه ومأواه، ورأى ديوي أن المدرسة يجب ان تتخلى عن واجبها الكتابي والنظري وان تقدم للطفل خبرات عملية واقعية وتربطه بالحياه الواقعية بحيث تكون المدرسة مسرحاً للنشاط بدلاً من ان تكون مكاناً للاستماع وتلقي المعلومات فقط.

وفي هذه المدرسة حسب رأي ديوي يجب أن يتعلم الطفل المهارات عن طريق الحياة والعمل، فالمدرسة ليست جزءاً من الحياة الاجتماعية، بل هي الحياة الاجتماعية نفسها والتي يجب ان تقوم المدرسة على ارساء العلاقات التعاونية بما تقدمه من نشاطات مختلفة في مجال الاقتصاد والسياسة والمشاكل الاجتماعية .... ليعمل الطفل ويتدرب على حلّها.

مفهوم التربية في نظر جون ديوي

إن التربية عملية تغيير او تكيف ونمو مستمر في الفرد، وهي تعمل دائماً على ايجاد التوازن بين الفرد والبيئة التي يعيش فيها.

ويرى (جون ديوي) ان للتربية الحديثة وظيفتين هامتين هما:

١. **وظيفة فردية**: بحيث تعمل على تنمية الفرد كشخص قائم بذاته وتستمر في تكوين عاداته وأفكاره شيئاً فشيئاً من خلال مراعاة قدرات الطفل وغرائزه كي تصل به الى فرد سوي مؤهل لحمل ونقل الحضارة الانسانية.

٢. **وظيفة اجتماعية**: وهي تربيته فرداً اجتماعياً بحيث يتكيف مع وسطه ويصبح عضواً فعالاً يعلم ويدرك ماله من حقوق وما يترتب عليه من واجبات تجاه المجموعة التي ينتمي إليها سواء في البيت او المدرسة او الأسرة او المجتمع.

لذا فإن التربية في نظر (ديوي) يمكن تلخيصها بجملة أكّد عليها دائماً في كتاباته وأبحاثه وهي"إن التربية ليست الإعداد للحياة، بل هي الحياة نفسها"

المدرسة في نظر جون ديوي:

١. جعل المدرسة جزء من الحياة، وليست منفصلة عنها، أي ان يعمل الطفل في داخل المدرسة ما يعمله لو كان خارجها. لذا فالمدرسة مؤسسة اجتماعية في أساسها، وهي صورة لمثل هذه الحياة الحاضرة.

٢. أن يتم تهيئة الطفل للمشاركة في نقل التراث الحضاري البشري.

٣.ان تُبسط الحياة الاجتماعية، وتتعهد الأنشطة التي ألفها الطفل في البيت والمجتمع، بحيث تهيئة وتساعده خبراته السابقة في الافادة منها في الافكار الجديدة.

٤.ان تكون حياة الجماعة في المدرسة هي الطريقة والسبيل لاثارة الطفل ورقابته في عمله، وأن يقيم الطفل بقدر تكيفه ومقدار ما يناله من مساعدة الآخرين له.

٥.ان توثق المدرسة علاقة الطفل بالأسرة والبيئة، بأن تولي أنواعاً من العلاقات المختلفة كتبادل الزيارات والقيام برحلات متنوعة ذات أهداف مختلفة تخدم هذه الأهداف.

طبيعة المنهاج

١) المقرر المدرسي(المادة الدراسية) هي جزء من المنهج, وهو غير ثابت, بل يقبل التجديد والتبديل تبعاً للظروف والمعطيات المتجددة.

٢) أن يركز المنهج على الكيف ولا يهمل الكم, ويهتم بطريقة تفكير التلميذ.

٣) أن يهتم بأبعاد ومميزات نمو التلميذ حسب المراحل النمائية والعمرية المختلفة، وأن يكيف المنهج لمثل هذه المتغيرات، وأن لا يركز على الجانب المعرفي فقط ضمن اطاره الضيق، بل يركز كذلك على الجوانب الوجدانية والنفسحركية الأخرى للطفل.

تخطيط المنهاج

١) أن يشارك في إعداد المنهاج جميع الأطراف المؤثرة والمتأثرة به كالطلاب والمعلمون وأولياء الأمور وأرباب العمل وفئات المجتمع والخبراء والمتخصصون....وأن لا يقتصر تخطيط وإعداد المنهاج على فئة بعينها.

٢) أن يشمل التخطيط جميع عناصر المنهاج من حيث المادة والأهداف والوسائل المعينة والنشاطات المختلفة وطرائق التدريس وأساليب وطرائق التقويم...

٣) أن يتمركز المنهاج حول المتعلم.

المادة الدراسية:

١) أن تكون المادة الدراسية وسيلة تساعد التلميذ(الطفل) على نموه المتكامل وليست غاية في حد ذاتها.

٢) أن تكون المادة الدراسية قابلة للتعديل والتبديل حسب تطور المعرفة ونموها وتضخمها.

٣) أن تُبنى في ضوء سيكولوجية التلاميذ, مع عدم إهمال التنظيم المنطقي للمادة.

٤) أن تراعي المادة الدراسية تكامل وترابط المواد الدراسية رغم اختلاف مصادرها, والإبتعاد عن فكرة تقديمها بشكل مواد منفصلة مصدرها الوحيد الكتاب المقرر(أي اعتماد المنحى الترابطي التكاملي في التدريس) والربط بين المواد الدراسية المختلفة.

طريقة التدريس:

١) أن تقوم طرائق التدريس على توفير الشروط والظروف الملائمة للمتعلم(الطفل) بحيث تبتعد عن أسلوب التعليم والتلقين المباشر القائم على حشو أذهان التلاميذ بالمعلومات فقط.

٢) أن تهتم بالنشاطات المختلفة وأن تستخدم أنماطاً ووسائل تعليمية ملائمة ومتعددة ومتجددة.

التلميذ:

١) أن يكون التلميذ محور العملية التربوية وهدفها الرئيس.

٢) إفساح المجال للتلميذ بأن يتفاعل ويشارك في تحقيق الأهداف بحيث يعتبر تفاعله ومشاركته أساساً في تقييمه بدلاً من اعتماد نجاحه في امتحاناته بالمواد الدراسية كعامل وحيد فقط.

المعلم:

١) أن تقوم علاقة المعلم مع التلميذ(الطفل) على أساس الثقة والمحبة والإنفتاح, بدلاً من التسلط والقمع والكبت.

٢) الحكم على نجاحه في ضوء مساعدته للتلاميذ(الأطفال), وليس على أساس نجاح طلابه في اختباراتهم وامتحاناتهم.

٣) أن يراعي الفروق الفردية بين تلاميذه, وأن يتعامل معهم على هذا الأساس.

٤) يشجع التلاميذ على التعاون في اختيار الأنشطة وطرق ممارستها, بدلاً من تشجيعهم على التنافس في حفظ المادة

٥) دور المعلم يتغير حسب المواقف, وهو دائماً بمثابة الموجه والمرشد والمنظم, بدلاً من أن يكرر دوره عاماً بعد عام, وسيلته التهديد والوعيد بالعقاب.

المدرسة الحديثة والمدرسة القديمة(التقليدية)

تؤكد التربية الحديثة على الأهمية البالغة للتلميذ واعتباره المحور الذي تدور حوله العملية التربوية بجميع عناصرها وأهدافها, وأن ميول الطفل واتجاهاته المنطلقة من دوافعه وحاجاته المختلفة هي المحددات الأساسية لفلسفة التربية وأغراضها, وأن الطفل ينبغي أن يكون المركز الفعلي للتربية الحديثة خلافاً للتربية التقليدية التي كانت تركز على مناهج التعليم وعلى المعلم وعلى الإمتحانات وعلى

النظام المدرسي...., حيث بلغ الحد لأن تصبح المدرسة التقليدية بما ترسمه من مناهج وما تفرضه من نظام مدرسي وما تعقده من امتحانات غاية في حد ذاتها, بدلاً من الغاية الأساسية التي يجب أن تهتم بتكوين وتشكيل شخصية الطفل ورعايتها وتنميتها.

إن التربية الحديثة تركز على جعل طرق التدريس والمناهج تدور حول الطفل, بدلاً من جعل الطفل يدور حول المناهج التي تم إقرارها بمعزل عن تكويناته وشخصيته.

وهذا ما أكده جون ديوي في كتابه "المدرسة والمجتمع" والذي أوضح فيه أن المدرسة التقليدية هي تلك المدرسة التي يقع ثقلها خارج الطفل, فنجدها تركز على المعلم والمدرسة والكتاب المدرسي وتبتعد عن ميول الطفل ونشاطه الذاتي, لذا وجب علينا أن ننطلق من الطفل ونجعله هادياً ومرشداً, فالطفل هو المنطلق وهو المحور وهو الغاية المنشودة.

لا شك أن غاية التربية هي إعداد الطفل للمستقبل, غير أن المربي التقليدي يريد من الطفل أن يتخلص في وقت مبكر من عقليته الخاصة به ومن أنماط سلوكية طبيعية, فهو يهيئه لتعلم مهنة معينة, وأن يحصل على المعرفة والشهادت, بل إن إيحاءات الأسرة والمدرسة والبيئة تلعب دورها في الطفل والمراهق وتقوده إلى رفض سننه ومتطلبات هذا السن, رغبة في الوصول إلى مراكز اجتماعية معينة, وفي هذه الحالة تعد الطفولة وسيلة لغاية أسمى هو سن الرشد.

أما التربية الحديثة, فمع أنها تعد وتهيء الطفل لسن الرشد, إلاّ أنها لا تهمل المرحلة الهامة وهي مرحلة الطفولة وخصوصيتها وأبعادها الهامة والتي يجب أن يعيشها الطفل بكل متطلباتها وجوانبها, ويرى ديوي "أن التربية هي الحياة ذاتها, وليست الإعداد للحياة",فالطفولة لها غايتها الذاتية, وهو يقول أن الطفل لايصبح راشداً, اذا لم يكن طفلاً..., وبما أن التربية التقليدية تكره الطفل على تبني غايات

ورغبات الآباء والمعلمين, فإن هذا الأمر يتناقض مع طبيعة الطفل وفطرته, وبما أن طبيعة الطفل ترفض هذا الواقع وتتعارض معه, نرى أن المدرسة التقليدية تستعين بالعقاب وأنواعه المختلفة لتنفيذ مخططاتها وأهدافها.

وتمتاز المدرسة الحديثة بأنها فعّالة تشارك الطفل بشكل إيجابي في تعلمه, في حين نجد المدرسة التقليدية تجعل الطفل مجرد مستمع ومتلقي للدروس لا رأي له فيها ولا يشارك فيها مشاركة فعلية, فهو سلبي يستقبل المعلومات والمعارف دون مشاركة حقيقية.

قال أحد علماء التربية داعياً إلى تغيير التربية:"إن الطفل يحب الطبيعة، ولكننا نحبسه في غرفة مقفلة، وهو يحب اللعب، لكننا نطلب منه أن يدرس، إنه يحب أن يرى نشاطه يؤدي خدمة معينة، ولكننا نحاول أن لا يكون لنشاطه أية غاية أو هدف، إنه يحب أن يمسك الأشياء بيديه، لكننا لا نسمح له سوى العمل بدماغه، وهو يحب أن يتكلم، ونحن نكرهه على الصمت وإلى الاستماع فقط، وهو يحاكم الأمور ويناقشها، ونحن نريده أن يحفظ فقط، وهو يحاول أن يسأل ويبحث عن العلم، ونحن نقدمه له جاهزاً، وهو يحب أن يسير على هواه، ونحن نريده أن يسير على خطى الراشد."

إن المدارس في التربية الحديثة تشغل الطالب الصغير وهو جالس أو واقف أمام طاولته، وتتيح له فرصة أن يسير على هواه فتسمح له بالحركة والسؤال والاختيار، وتلاحظ نمو خبراته ومهاراته اليدوية وتتحول به من الدراسة النظرية الى التطبيق العملي.

وأخيراً فإن جون ديوي يرى أن التربية يجب أن تأتي عن طريق العمل، وأن المدرسة الحديثة تقوم على دوافع الطفل الداخلية، لا على الحوافز الخارجية كالمكافأة أو العقاب، كما أنها لا تقوم على الإلزام والإكراه في التعليم، بل تقوم على الميول والرغبات والتدريب الحر، كما أنها تركز على اللعب في المدرسة وعلى الاستقلال في شخصية الطفل.

الفصل الخامس

٥

الأسس التي يقوم عليها تعلم أطفال الروضة

النشاط: وأمثلة على النشاط في روضة الأطفال

اللعب: فوائده وأنواعه

الحرية: فوائدها

التعلم الفردي (الذاتي)

التعلم ذو المعنى (الملائم)

المفاهيم القبلية

الأسس التي يقوم عليها تعلم أطفال الروضة

إن هذه الأسس ترتكز على حقيقة واحدة, وهي أن تربية الطفل وتعلمه جوهرها معرفة طبائعه وفهمها على حقيقتها. ويجب العلم بأن كل مايصدر عن الطفل من طبائع وسلوك إن هي إلّا نزعات الطفل وميوله, ومن الخطأ أن نتجاهل هذه الحقيقة فتصبح تربيتنا وتعليمنا للطفل عبارة عن سلسلة من الأخطاء والهفوات لا حصر لها.

وعلينا أن نعترف بأن هذا الطفل كثير الحركة, والكلام الدائب النشاط لا يدل سلوكه على نفسية شريرة, ولكنه يريد أن ينفس تلقائياً عن طاقة عنيفة يحس بها في داخله, وإن التربية الحقيقية هي التي لا تجبر الطفل أن يقوم بأعمال وأنشطة فوق طاقته أو فوق قدرته, إنما هي التي تسمح للطفل بالحركة والعمل والإيجابية ضمن قدرته وطاقته وبما يتناسب مع عمره ومستواه النمائي مع مراعاة الفروق الفردية بين هؤلاء الأطفال.

مما سبق نرى أن هناك أسساً يجب الإعتماد عليها أثناء قيام الآباء والأمهات والمربين بتعليم وتربية الأطفال ومن هذه الأسس:

النشاط وأمثلة على النشاط

على المعلمة أو المربية استغلال نشاط الطفل الذاتي ليتعرف إلى ما حوله ويتفاعل معه ويؤثر فيه ثم نرى استجابته له, والمقصود بالنشاط الذاتي هو أن ينتفع الطفل نفسه بما يقوم به من نشاط وأعمال, ويتطلب من هذا الطفل أن يعي ويفهم كل ما يدور حوله, وأن يشمل النشاط الطفل كله من جميع جوانبه ونواحيه. لذا فالمربية على هذا الأساس مطالبة بأن تقوم بترتيب الأنشطة المختلفة بحيث تؤمن

له أسلوباً تعليمياً تعلمياً فعالاً, ولن يأتي هذا النفع الاّ إذا كانت المربية ذات كفاية وقدرة عالية في وضع الخطط التربوية المناسبة وتنويع النشاطات بحيث تتناول مناشط اجتماعية ورياضية وفنية... وغيرها.

وسواء كانت هذه النشاطات يومية أو أسبوعية, لابد من مربية الروضة مراعاة مايلي:

١. وضع برامج خاصة للأطفال: إذْ أن برامج تربية الأطفال تختلف عن البرامج التقليدية التي تتقيد بتوقيت, فهي نشاطات متداخلة تقوم على الإهتمام الفردي أحياناً وعلى الإهتمام الجمعي أحياناً أخرى, لذلك على المربية تهيئة الظروف والمتطلبات المناسبة لهذه المناشط حتى تحقق أهدافها.

٢. أوقات منتظمة: على المربية أن تحدد أوقات النشاط مثل الطعام والشراب وأوقات الراحة والتي ينبغي أن تكون منتظمة يومياً بحيث تؤدى في مواعيد معينة.

٣. التنويع في النشاط: إن البرنامج اليومي للنشاطات الحرة والمتنوعة كالنزهات القصيرة للتعرف على البيئة والمحيط في الأحوال الجوية الجيدة يحبب الطفل ببرامج الروضة ويشده إليها.

٤. التعزيز والتشجيع لأي نشاط: إن تشجيعنا للطفل لأي مبادرة أو نشاط تلقائي يقوم به الطفل ذو أهمية بالغة تحفيز الطفل على ممارسة النشاط والإستمرار فيه.

٥. نشاطات هادفة: إن تسلسل النشاطات اليومية وبشكل منظم مع مراعاة الأوقات التي تنفذ فيها هذه المناشط, فالرياضة تمارس صباحاً مثلاً, والهوايات والفنون والأنشطة الأخرى تنفذ في أوقات أخرى معينة, لذا

فاختيار الوقت المناسب لكل نشاط له أهميته البالغة في نجاحه وفي تحقيق الأهداف المرجوة منه.

٦. العادات الإيجابية: أي تعويد الطفل على عادات النظام والهدوء والنظافة, عن طريق ممارستهم لها, مثل إعادة جمع الألعاب وترتيبها في أماكنها بعد الإنتهاء منها, وعدم إلقاء بقايا الطعام أو الفواكه في الساحة وغسل اليدين بعد الخروج من الحمام... وغيرها من العادات الجيدة والإيجابية والتي يجب غرسها في نفوس الأطفال عملاً وقولاً.

٧. يوم لكل طفل: أن تخصص المربية يوم للمحادثة مع كل طفل بمفرده, بحيث تحدثه المربية وتجيب على أسئلته المختلفة بما يتناسب مع عمره ومع مستواه العقلي, لأن هذا يساعد الطفل على مجابهة المواقف الجماعية وتنمي لديه الثقة بالنفس والقدرة على التحدث دون خوف أو خجل.

أهمية حصة النشاط في الروضة:

إن حصة النشاط في الروضة ذات أهمية بالغة لأنها توفر الفرص المتعددة لتعلم الطفل, فهي تعمل على تحقيق ما يلي:

١. تجعله يتعامل مع المشكلات بشكل مباشر, وتضعه في مواقف حياتية حية لحل ما يعترضه منها.

٢. تمكن الطفل من التخطيط لمشاريع فردية وأخرى اجتماعية أثناء تنفيذه وقيامه بمثل هذه النشاطات.

٣. تساعد الطفل على تنمية المهارات الحركية المختلفة وتكوين عادات صحية سليمة.

٤. الترويح عن النفس بما توفره من المرح والرضى الناجم عن التجربة والانجاز واللعب المحبب له.

أمثلة على النشاط في روضة الأطفال.

يمكن للمربية في روضة الأطفال التخطيط للقيام بنشاطات مختلفة هادفة ضمن الروضة، مثل زيارة طبيب الروضة والاستماع اليه، والتعرف على العمل الذي يؤديه والأدوات التي يستعين بها أثناء أداء مهمته كسماعة الطبيب وميزان الحرارة وجهاز قياس الضغط ...، كذلك يمكن القيام بألعاب حرة وأن يؤدي بعض المهام التي لها صلة بالحياة اليومية كغسل اليدين قبل وجبة الطعام وتنظيف الطاولة التي استخدمها، كما يمكن زيارة البيئة المحيطة بالروضة والتعرف على المهن التي تمارس في هذه البيئة، مثل المطعم، والبقال، والسوبرماركت، والحداد والنجار والمخبز وتوجيه أسئلة هادفة عنها والاستماع الى اجابات الأطفال وتعديلها وتقويمها واكسابهم معلومات جديدة عنها، وهناك كذلك تدريبات لغوية، وألعاب جماعية، والتحدث بحرية مع الأطفال، والمرح أثناء اللعب، والأناشيد الغنائية، والمهارات المدرسية كالقراءة والكتابة والحساب والرسم... وغيرها.

اللعب, فوائده وأنواعه

وهو استغلال واستنفاذ لطاقة الجسم الحركية للطفل، كما أنه مصدر المتعة النفسية للطفل، لأنه يمنحه الغبطة والسرور والمرح والحرية.

فوائد اللعب:

١. إزالة التوتر النفسي والجسمي لدى الطفل وتوفير الراحة النفسية والجسمية له من خلال تفريغ طاقاته في جوانب ايجابية هادفة ومفيدة.
٢. إدخال المتعة والتنوع في حياة الطفل وكسر حاجز الملل والروتين.
٣. اكتشاف الطفل لنفسه وللعالم المحيط به، وفي ذلك تعلم الطفل لأشياء جديدة في حياته وفي محيطه الذي يعيش فيه.

٤. تعلم الطفل حل مشكلاته الخاصة من خلال تعليمه طرق التفكير وتوجيهه بأسلوب تربوي سليم.

٥. يستطيع الطفل ومن خلال اللعب أن يعبر عن حاجاته ورغباته التعبير الكافي في حياته الواقعية.

٦. إن اللعب المخطط له، خصوصاً الألعاب الحركية تساعد الطفل على تدريب وتنمية عضلاته وتنسيق حركاته. (التوافق العضلي العصبي).

٧. الرغبة في التعلم، لأن اللعب نشاط مشوق لا إكراه فيه.

٨. إن اللعب يساعد الطفل على استخدام كافة حواسه، مما يزيد قدرته على التركيز، وبالتالي زيادة الفهم والقدرة على التعامل السليم مع ما يدور حوله من أحداث وشكلات.

٩. يعمل اللعب على تطبيع الطفل اجتماعياً وتقويم الخلق لديه والتضامن مع رفاقه خاصة أثناء اللعب الجماعي والأنشطة الجماعية المختلفة.

١٠. القضاء على الملل، لأن اللعب يوفر فرص القضاء على الملل والروتين اليومي لأحداث الحياة.

أنواع اللعب:

إن اللعب أنواع كثيرة ومتنوعة، ولكننا نصنفه في الروضة بما يلي:

١. حسب عدد المشتركين في اللعب: لعب انفرادي أو لعب جماعي.

٢. حسب التنظيم والإشراف: منظم تحت إشراف معين، أو تلقائي غير منظم وبدون تخطيط مسبق.

٣. حسب الطاقة المبذولة: لعب نشيط أو عنيف أو هادىء.

٤. حسب المهارات: جسمي حركي أو عقلي فكري.

الحرية, وفوائدها

إن الحرية في رياض الأطفال تتمثل في ترك الحرية للطفل الصغير أن يتصرف ويتحرك بحرية داخل الروضة بحيث يختار الأدوات والألعاب التي يلعب بها بأي وقت يشاء وتركها متى يريد، مع المراقبة من بعيد حتى لا يؤذي نفسه أو غيره.

إن موقف المربية أو المرشدة من أنشطة الطفل هو عدم التدخل إلاَ إذا دعت الضرورة إلى ذلك، كما يسمح له بالتنقل من مكان لآخر على اعتبار أن الأطفال فراشات لها حرية الحركة والتنقل وليسوا مسامير مثبة في المقاعد، لذا يجب أن يصمم الأثاث داخل الروضة بحيث يكون متحركاً لكي يسهل على الطفل تحريكه دون عناء.

ولكن هذه الحرية ليست مطلقة، فإن هناك حد أدنى من النظام يجب عدم تجاوزه، بحيث تتمشى الحرية في حدود المقبول تربوياً، وهذه ميزة الأصالة العلمية للنمو النفسي للطفل، كما ويجب الإنتباه إلى أن مهمة الروضة هي التدرج في تعلم النظام وتطبيقه.

فوائد الحرية:

إن الحرية في معناها الواضح والمحدد داخل رياض الأطفال توفر للطفل فوائد جمة على المربية أو المرشدة إدراكها حتى تساعد الطفل على امتلاكها وتحقيقها وأهمها مايلي:

١. إن الحرية تسهم في تكوين الطفل لذاته واختياره لحاجاته.

٢. تزود الطفل بالحافز والدافعية للعمل وبذل الجهد, لأن الطفل يعتمد في تعلمه على ميوله وأهوائه ورغباته.

٣. شعوره بالأمان, وهذا يؤدي إلى تركيزه وقوة استيعابه.

٤. تشجيعه على حب الإستطلاع والإكتشاف.

٥. غرس الثقة بالنفس مما يتيح له التعبير الحر عن رأيه.

٦. تساعده على النمو بطريقته الخاصة حسب قدراته الفردية.

٧. تساعده في الإعتماد على النفس في حل المشكلات التي تعترضه.

٨. تساعده على اكتساب المهارات المعرفية واستخدام الأدوات بشكل إبداعي.

التعلم الفردي (الذاتي)

إن التطور الذي طرأ على الإتجاهات التربوية الحديثة جعلت المدرسة الحديثة توجه التعليم إلى كل فرد, بحيث تركت الطفل يثقف نفسه بفضل المواد والأدوات التي توضع تحت تصرفه وتوفرها له المدرسة, ولا يعدو دور المعلمة أو المرشدة سوى توجيه عمل الطفل ومساعدته على حل المشكلات التي قد تواجهه.

لذا فإن جوهر التعلم الفردي الذاتي هو التدريب الحسي الذاتي الذي يعتمد على الخبرة الذاتية للأطفال, وهو تدريب فردي يمكن ممارسته أحياناً في مجموعات صغيرة قوامها اثنين أو ثلاثة أطفال على الأكثر, والتدريب الحسي لا يمكن إلاّ أن يكون فردياً لأسباب, من أهمها تعذر توفير الأدوات والمواد اللازمة لجميع الأطفال في الصف.

ومن النماذج على التعلم الفردي للحواس مثل: فصل الأشياء الموجودة أمام الطفل, أو تصنيفها حسب الشكل أو اللون أو الحجم أو الطول...., وفحص العينات,

التعرف على الحرارة, التعرف على الألوان وتمييزها, التمييز بين الأسطح الخشنة والناعمة.

ولنجاح التعلم الفردي (الذاتي) لابد من توفر مجموعة من الشروط أهمها:

١. إعداد أفراد وتدريبهم ليتمكنوا من القيام بهذه المهمة بشكل صحيح.

٢. توفير الأدوات والوسائل التعليمية المناسبة للتعلم الفردي.

٣. توفير الإمكانات المادية الجيدة كالمرافق والمختبرات والملاعب والمكتبة والورش التعليمية وقاعات الدراسة وأماكن اللعب واللهو والرسم.... .

٤. وضع برامج للوقت الذي سيستغرقه المعلم/المعلمة مع كل طالب على مستوى الدراسة الفردية أو الدراسة مع مجموعات دراسية أخرى سواء الصغيرة منها أو الكبيرة.

٥. المرونة في النظام التعليمي من حيث اختيار النشاطات المناسبة أو تقييم الأداء وفق معايير متعددة, لا حسب معيار ثابت للجميع وذلك مراعاة للفروق الفردية ولاختلاف قدرات الأطفال.

التعلم ذو المعنى (الملائم)

نقصد بهذا النوع من تعلم الأطفال هو التركيز على الأنشطة والمهارات التي ترتبط بظروف حياتهم من خلال تنمية هذه المهارات, ومساعدة الطفل على البحث والإستكشاف ودراسة الحقائق والظواهر في موقف معين ومحسوس, كالتعرف على المباني ومرافقها وأثاثها, والملاعب بمكوناتها وساحاتها, والحدائق بما تضم من أشجار وأزهار مختلفة, وزيارة المكتبة بحيث يتعرف الطفل على كتب الأطفال وعلى مختلف المعلومات بشتى أنواعها كالرسومات واللوحات الملونة, وزيارة البيئة المحيطة بالروضة أو المدرسة للتعرف على المجتمع والمرافق المختلفة للحي

ومكونات هذه المرافق وماتقدمه من خدمات للمواطنين....، ثم عرض بعض التسجيلات الصوتية والمرئية أو من خلال الرحلات القصيرة للتعرف على أنواع الطيور والحيوانات والنباتات بشكل واقعي ومحسوس.

لذا فإن مناهج التعلم (الملائم) ذو المعنى تدور حول مواضيع يسمعونها وأغاني ينشدونها، أو رسومات حول فكرة معينة يدركونها.

المفاهيم القبلية

هناك مهارات هامة يحتاج اليها الطفل لاكتمال عملية التعلم يجب على المربية أو المرشدة إدراكها حتى تساعد الطفل على امتلاكها، وهذه المهارات تتأثر بشكل أو بآخر بالبيئة التي يعيش فيها الطفل من جهة وبالنضج ومايتعلق به من قدرات واستعدادات، ويتركز تفكير الطفل في مرحلة ماقبل المدرسة على تمكنه من استخدام الرموز التي تمكنه من الإستفادة أكثر من خبراته السابقة، وتتحول هذه الرموز فيما بعد مع نمو الطفل إلى كلمات وبالتالي إلى لغة تختلف مفرداتها من طفل لآخر.

إن المهارات اللغوية ضرورية للمفاهيم القبلية، وهي غير كافية عند الطفل، كما أنها غير سليمة والمعلومات محدودة، والقدرة على التفكير غير ناضجة بعد، كل ذلك بسبب ضيق الدائرة التي يتحرك ضمنها الطفل وهي محصورة بالأسرة، كما أن فرض الإتصال بالآخرين خارج نطاق الأسرة لايزال محدوداً، ومن هنا نجد أن كثيراً من الأطفال لا يدركون مفاهيم الأشياء التي يتعاملون معها إما لعدم التوجيه أو الحفز داخل الأسرة أو كأن تكون هذه المفاهيم عامة وغير واضحة.

ويرتبط إدراك الطفل لمفهوم الأشياء من خلال البيئة التي يعيش فيها، ويتم تعلمه وتعرفه لهذه المفاهيم من خلال حواسه الخمسة، فهو يرى الأشياء ويميز بين خصائصها من خلال لمسها أو القبض عليها وتداولها بين يديه، وتغيير أماكنها،

وبهذه العمليات المتكاملة يتكون لديه مفاهيم للأشياء ويربطها بأسمائها حسب مميزاتها عن بعضها. لذا يجب على معلمة الروضة عند تعليمها للطفل أن تقرن بين رؤية الشيء وبين اسمه الخاص به, خاصة وأن الطفل في هذه المرحلة لا يدرك المفاهيم المجردة غير المحسوسة.

أما مفهوم المكان, فإنه ينمو عند الطفل قبل مفهوم الزمان, لأن المكان بموجوداته المادية أكثر أثراً وقرباً, وبالتالي أسهل في اكتشافه لأنه في معظمه أشياء ملموسة, أما الزمان فهو شيء نسبي معنوي غير محسوس يدركه ويستوعبه الطفل عن طريق التصور والتخيل وما يقال عن المكان والزمان, يمكن أن نجده في المفاهيم الأخرى المتعلقة بحاجات الطفل وحياته, خاصة البيولوجية منها, فهو يتدرج في فهمها وإدراكها من المحسوسات إلى شبه المحسوسات إلى المجردات, أو من درجة صلته بها, فهو أسرع في فهم واستيعاب مفهوم الطعام والشراب وما يتعلق بهما أكثر من وعيه لمفهوم النظافة والنظام, رغم قربهما وممارستهما في بيئته التي يعيش فيها.

الفصل السادس

٦

العلاقة بين البيت والمدرسة

أهمية العلاقة بين البيت والمدرسة

مرونة برنامج تربية الطفل وتلبيته للفوارق الفردية بين الأطفال ولحاجاتهم النمائية

تكامل تربية الطفل في الروضة والأسرة

إشراك الآباء والأمهات في تربية الطفل والعمل معهم

العلاقة بين المدرسة والبيت

أهمية العلاقة بين المدرسة والبيت:

إن تربية الطفل لن تكون مجدية ولا صحيحة مالم تكن العلاقة وثيقة وواضحة بين البيت والمدرسة لأن كل منهما يكمل الآخر, ويجب أن لا يقتصر عمل المدرسة على مجرد إعطاء الطفل القدر الكبير أو القليل من المعلومات, ولكن المهم أن تكون المدرسة فعّالة بالنشاط والحيوية ذات برنامج مدروس وتربوي حتى يتم التأثير على الطفل عاطفياً وتربوياً وتوجيهه وتزويده بالعادات والقيم والإتجاهات الصحيحة الإيجابية المفيدة والتي لا تتعارض مع التربية الأسرية في البيت.

لذا فإن الصلة الوطيدة بين مصدري التربية وهما البيت والمدرسة يجب أن تتجسد في الأمور التالية:

١. الإحساس الديني: يجب على المدرسة وفي هذا السن المناسب أن تبث وتشجع الإحساس الديني لدى الطفل وتقويه حتى تظل علاقة الطفل بالله علاقة صحيحة وواضحة منذ الصغر, علاقة يشعر فيها الطفل أنه عبد لله تعالى وأن طاعته واجبة.

٢. مراعاة الجسم صحياً وغذائياً ورياضياً حتى يستمر الجسم بالعمل بصحة ونشاط وبذلك نيسر للعقل الفرصة للتفكير الصحيح المتزن, لأن العقل السليم في الجسم السليم.

٣. ملاحظة ودراسة مشاهد الطبيعة وظواهر العالم الخارجي على أن نبدأ مع الطفل من القريب إلى البعيد.

٤. حفظ بعض الأناشيد السهلة ذات النظم الجميل مما يتمثل في بعض مظاهر النشاط المحيط بالطفل.

٥. تمرينات في اللغة, على أن تكون الطبيعة ومحيط الطفل القريب نقطة البداية ثم نتدرج شيئاً فشيئاً إلى المعنويات.

٦. تمرينات في بعض مظاهر العالم الخارجي ذات الطابع المتدرج, بحيث نوفر للطفل بعض الأشياء المجسمة والمصنوعة من مواد صحية غير مؤذية مثل: المنازل, والقلاع والمساجد.... إلخ.

٧. تمرينات في كيفية الإمساك بالقلم وتمرينات في التمثيل بخطوط على مسطح, وتكون الخطوط رأسية وأفقية.

٨. دراسة الألوان المختلفة وتمييزها واستخدامها.

٩. سرد القصص أو الأساطير المسلية الهادفة مع الإشارة إلى الحوادث المحلية.

إن كل ماتقدم من أمور يجب أن تتم بالتنسيق بين المدرسة والبيت من أجل تحقيقها ومتابعتها حتى تكتمل الفائدة لأن كلاً منهما يكمل الآخر, ويسهمان في بناء وخلق شخصية الطفل السويّة من أجل إعداد الطفل لنفسه ووطنه وأمته.

مرونة برنامج تربية الطفل وتلبيته للفوارق الفردية بين الأطفال ولحاجاتهم النهائية

إن على واضعي برنامج تربية وتعليم الأطفال أن يأخذوا بعين الإعتبار الفروق الفردية والحاجات النمائية لهؤلاء الأطفال, لذا يتوجب عليهم تفهم هذه الفروق ودراستها سواء كانت عقلية, مزاجية, تحصيلية, صحية, بيئية....., بحيث تساعد المعلم والمربي على تكييف المناهج وطرق التدريس واختيار الأدوات

والوسائل كي تتلائم مع استعدادات الأطفال وحاجاتهم وقدراتهم في كل مرحلة من مراحل التعليم, أي أن المدرسة في برامجها يجب أن تتفق مع خصائص الأطفال, وأكثر ما يتضح مثل هذا التوافق فيما يلي:

١. التدرج, بحيث تكون المناهج المدرسية منطقية في عرض وتقديم المواد الدراسية, بحيث تتدرج من السهل إلى الصعب ومن القريب نحو البعيد ومن المحسوس إلى شبه المحسوس فالمجرد.

٢. التركيز على المعلومات الحسّية بدلاً من المعلومات والمعارف المجردة.

٣. أن تتلائم الأدوات الرياضية والملاعب والألعاب مع الفئات العمرية للطلاب والأطفال وأن تراعي الفروق الفردية والحالات الخاصة.

٤. أن تكون المعلمات والقائمون على تربية الأطفال أصحاب خبرة ومؤهلين تربوياً وعلى دراية تامة بنفسية الطفل وخصائصه حسب مراحل نموه المختلفة.

٥. أن ترتبط المادة الدراسية والمناهج المنفذة على الأطفال بالبيئة المحلية لهم، أي إن كانت ريفية، حضرية، صناعية، زراعية، أو بحرية، سهلية، أو جبلية، أو صحراوية....إلخ.

٦. أن يكون البناء المدرسي وجميع مرافقه المختلفة متوافقاً مع نمو الأطفال وقدراتهم الجسمية.

٧. أن تكون المقاعد الدراسية والألواح والأدوات والوسائل ملائمة في حجمها وارتفاعها مع أعمار الأطفال.

٨. أن يتوفر في المادة الدراسية والمنهاج المدرسي المشوقات والمثيرات الجذابة التي تشجع الأطفال على الاستمرار في عملية التعليم والتعلم دون ملل مع ضرورة إستخدام الأنواع المختلفة للمعززات المادية والمعنوية.

تكامل تربية الطفل في الروضة والأسرة

تعتبر رياض الأطفال مكاناً تربوياً منظماً وبيئته أدبية مناسبة لطفل ما قبل المدرسة، فهي بمثابة المجتمع الخاص الذي تترعرع فيه حياة الطفل الطبيعية، وهي في الواقع أقرب إلى حياة الأسرة والمنزل منها إلى حياة المدرسة، فما يمارسه الطفل من حياة عادية في الروضة في حركاته ونشاطه وفي مأكله ومشربه ولعبه بحرية كاملة تحت إشراف معلمات مؤهلات ومدربات للعناية به على أكمل وجه، فكل ما تقدم لن يغير من نسق حياته البيئية في شيء، بل هي استمرار لما يألفه يومياً حيث أبواه وما يحيطانه من ألفة ومحبة ورعاية واهتمام.

وفي الروضة يتاح للطفل تكوين عادات صحيحة وسليمة، وتنمو قدراته المختلفة سواء العقلية أو الجسمية أو الإجتماعية، ويكتسب إلى جانب ما تقدم الخبرات المختلفة وأساليب العمل المتنوعة بالإضافة إلى بعض العادات والتقاليد والمفاهيم الخاصة بالحياة.

لذا فحياة الطفل في الروضة قريبة جداً من حياة الأسرة، بل هي إمتداد لها وأكثر صلة منها بالمرحلة الإبتدائية الدنيا أثناء إلتحاقه بالمدرسة.

وليست هناك مناهج معينة أو برامج ملزمة في الروضة, بل نجد خططاً متطورة ومسايرة للأحداث التي يمر بها يومياً, فلا يقرع جرس يحدد بداية أو نهاية حصة أو نشاط, بل هو انتقال تدريجي وآني من عمل لآخر ومن نشاط لآخر, وتتلاحق الخبرات المبنية على نظم معينة وهادفة لحفظ التوازن بين هذه المتغيرات المتفاوتة في نشاط الطفل في الروضة, لذا فبرامج الطفل في الروضة هي امتداد لخبرات حياتية عامة أكثر منها خبرات مدرسية قائمة بذاتها وغير منفصلة عن بقية

ما يألفه في البيت من عمل أو نشاط, وهي برامج تتصل بحياة الأسرة وتكملها ولا تعيقها ولا تتعارض معها.

كذلك فإن الروضة تنمي الذكاء العقلي للطفل بما تقدمه من الخبرات المباشرة والمناسبة لمستوى الأطفال النمائي والعمري, ومن أهم الواجبات التي تقوم بها رياض الأطفال مايلي:

١. متابعة اكتمال نمو الطفل في مختلف الجوانب, وتحقيق التوازن والإلتزام بمعايير الجماعة.

٢. تنمية اتجاهات الأطفال ومهاراتهم وميولهم وشخصيلتهم ومعتقداتهم....

٣. تعليم الأطفال للعادات الصحيحة السليمة في كيفية استخدام العضلات وبالتالي بناء أجسام قوية وسليمة.

٤. إتاحة الفرص للأطفال للتفاعل مع الآخرين داخل الروضة, من خلال ما توفره لهم من الظروف الطبيعية للمشاركة والتعاون الفعّال بين الرفاق.

٥. تدريب الطفل على التفكير المنطقي المتوازن والإعتماد على النفس وتحمل المسؤولية واحترام الحرية الفردية وتحقيق الذات.

٦. توطيد علاقة طيبة بناءة وهادفة مع والدي الطفل وجماعة الآباء وجماعة الأمهات, وهي علاقة يجب أن تبنى وأن تقوم على المحبة والتقدير والتعاون ويجب أن تتم عن قناعة لما فيه مصلحة الطفل ومستقبله.

٧. التوفيق بين الأسر المتباينة بمستوياتها الثقافية والإجتماعية والإقتصادية والإستفادة من هذا التباين لإكساب الأطفال خبرات وثقافات منوعة.

٨. التدرج في تقويم وتعديل اتجاهات الأطفال, ففي بداية دخوله الروضة نجده أنانياً بطبيعته وفردياً, ومهمة الروضة هنا أن تخرجه من عزلته

وتحويله إلى كائن اجتماعي متعاون من خلال غرسها الميول الإجتماعية فيتجه نحو العمل الجماعي ويترك الأنانية وينصهر في الجماعة.

٩. إن تعلق طفل الروضة بمعلمته سيجعله أكثر ارتباطاً بها وأكثر طاعة لها ولتوجيهاتها, ربما أكثر من أمه, وهذا يساعده على الإستقلال عن أمه التي كان يعتمد عليها اعتماداً كلياً.

١٠. إتاحة فرص الحركة والنشاط واللعب واللهو الحر الموجه, وتنمية حب الإستطلاع لديه عن طريق وسائل وموجودات حديقة الروضة والرحلات المدرسية المدروسة والهادفة.

١١. عدم اللجوء إلى استخدام أسلوب التدريس الرسمي بمعناه التقليدي في تعليم القراءة والكتابة والحساب, بل اعتماد أسلوب التعلم من خلال اللعب والنشاط, لذا فعلى الروضة أن لا تفرق بين العمل واللعب والذي يمزج بين التعليم والنشاط.

إشراك الآباء والأمهات في تربية الطفل والعمل معهم

إن مهمة تربية الطفل وتعويده العادات الحسنة كالنظام والإنضباط في حياته وتنمية الإتجاهات والعادات الصالحة في سلوكاته كالأخلاق الحسنة لا تتوقف على الروضة أو المؤسسات التعليمية كالمدرسة فقط, بل هناك مهمات أساسية منوطة بالأسرة وممثلة بالوالدين الذين يبدأون بالتعامل مع الطفل منذ اللحظات الأولى في حياته, فهم عنصر فعّال في بناء شخصية الطفل السّوية ووضعه على الطريق الصحيح بما يأخذه الطفل منهما بشكل مباشر من خبرات بالتوحد أو التقليد والمحاكاة أو بالتوجيه والتعزيز للأفعال المرغوبة من قبل الآباء والأمهات.

فالطفل في مرحلة الطفولة المبكرة أسرع ما يكون إلى التعلم السريع, خاصة في طفرات نمائية معينة, فهو كالإسفنجة يمتص كل ما يلاحظ أو يسمع أو يلمس.

والفائدة لا تتم على الوجه الأكمل في تربية الطفل مالم يكن هناك ثبات وتوحيد في دور الروضة والبيت, أي بالتعاون بينهما في تطبيق النظام ورسم قواعد السلوك المشترك التي ينتهجها الأطفال سواء في الروضة أو في البيت, لذا فإن التعارض والإختلاف في الأساليب وفي كيفية التعامل بين هاتين البيئتين(بيئة البيت والروضة) يعتبر من أكبر المعوقات في العملية التربوية والتي تنعكس سلباً على تربية الطفل في هذه المرحلة الهامة والدقيقة.

لذا لابد من قيام نوع من التفاهم والتماثل في المعاملة يشترك فيها الوالدان والمشرفون على رياض الأطفال, لذا فقد حرصت المشرفات ومعلمات رياض الأطفال على توثيق الصلات بين الطرفين عن طريق الدعوات والحفلات واللقاءات التي تقام في الروضة, أو حتى زيارة البيوت من أجل التنسيق ووضع الخطط المناسبة للعمل وتوضيح الطرق المثلى لرعاية الطفل, ففي هذه الأنماط من الإتصال تطلع معلمات الروضة على الأمور الهامة عن أحوال الأطفال ومن مصادرها الرئيسية وهي الأسرة والآباء والأمهات.

إن معلمات رياض الأطفال بما لديهن من خبرات ونتيجة لتأهيلهن لمثل هذه المهام, بإمكانهن تقديم الكثير من الفائدة والمساعدة في كيفية التعامل مع الأطفال واكسابهم العادات والقيم والإتجاهات الحميدة والتي لا تتعارض مع ما تسعى إليه الأسرة والوالدان.

ويتم الإتصال بطرق متعددة كالإجتماع مع الآباء أو الأمهات حيث تدور المناقشات والتواصل, ومن خلال إقامة المعارض والحفلات الغنائية والمسارح

والتمثيليات التي يشارك بها الأطفال, أو من خلال الندوات, أو من خلال زيارات لأسر الأطفال, وكذلك من خلال مجالس الآباء أو الأمهات والتي تعقد بشكل دوري مم له الأثر الكبير في تحقيق الأهداف المرجوة والتي تطمح إليها الأسرة في تربية أطفالهم والأخذ بيدهم نحو السعادة والحياة الهانئة.

فالروضة إذن, تتيح الفرص والإمكانات للآباء والأمهات ليكتسبوا النظرة العميقة والواقعية لتربية الطفل, وكم هي مفيدة إشراك الآباء والأمهات في إعداد المناهج والخطط وتنظيم المواد الدراسية وتعيين النشاطات المناسبة في روضة الأطفال, لأن ذلك سيوصل الطفل وبسهولة إلى جو يشعر فيه بالأمان, كما تجعل مثل هذه الأعمال الآباء والأمهات يشعرون بالإرتياح لقيامهم بواجباتهم الأبوية ومسؤولياتهم التربوية تجاه أبنائهم.

ويمكن تحقيق الفائدة القصوى والمرجوة من كل ذلك باتباع مايلي:

١. مقابلة الأباء أو الأمهات الذين يحضرون أبنائهم إلى الروضة يومياً إذا اقتضى الأمر,لبحث أمر خاص يتعلق بطفلهم.

٢. هناك برامج لنشاطات الروضة من ضمنها الإتصال بالآباء والأمهات, وهي مقابلات دورية.

٣. الأحاديث الخاصة وعقد الحلقات من أجل مناقشة قضايا تهم الطفل.

٤. مشاركة الآباء والأمهات في نشاط الروضة.

٥. زيارة الآباء والأمهات للروضة أثناء سير النشاط الدراسي ومشاهدة طفلهم وهو يلعب ويمارس النشاط وتشجيعه وتحفيزه أمام معلمته....

٦. قيام معلمات الروضة والمشرفات بزيارة الأسر للإطلاع على واقع الطفل في بيئته الأولى لوضع الخطط المناسبة والكفيلة بتحقيق الأهداف المطلوبة.

الفصل السابع

٧

اللعب وتأثيره في تربية الطفل

نظرية جان بياجيه في اللعب

سيكولوجية اللعب

أنواع اللعب عند الأطفال

العوامل المؤثرة في لعب الأطفال

أهمية وفوائد اللعب لدى الأطفال

نظرية جان بياجيه في اللعب

إن نظرية العالم التربوي(جان بياجيه) في اللعب ترتبط ارتباطاً وثيقاً بتفسيره لنمو الذكاء, حيث يعتقد(بياجيه) أن وجود عمليتي التمثل والمطابقة ضروريتان لنمو كل كائن عضوي, وأبسط مثال للتمثل هو الأكل والشرب, فالطعام بعد ابتلاعه يصبح جزءاً من الكائن الحي, بينما تعني المطابقة, توافق الكائن الحي مع العالم الخارجي, كتغيير خط السير مثلاً لتجنب عقبة من العقبات, أو انقباض العين في الوضوء الباهر, لذا فالعمليتان متكاملتان إذْ تتمم الواحدة الأخرى, كما يستعمل بياجيه عبارتي التمثل والمطابقة في معنى أعم وأشمل لينطبقا على العمليات العقلية, فالمطابقة تعديل يقوم به الكائن الحي إزاء العالم الخارجي لتمثل المعلومات, كما يرجع النمو العقلي إلى التبادل المستمر والنشط بين التماثل والمطابقة, بينما يحدث التكيف الذكي عندما تتعادل العمليتان أو تكونان في حالة توازن, وعندما لا يحدث هذا التوازن بين العمليتين, فإن المطابقة مع الغاية قد تكون لها الغلبة على التمثل, وهذا يؤدي إلى نشوء المحاكاة, وقد تكون الغلبة على التعاقب للتمثل الذي يوائم بين الإنطباع والتجربة السابقة, ويطابق بينهما وبين حاجات الفرد, وهذا هو اللعب, فاللعب والتمثل جزء مكمل لنمو الذكاء ويسيران في المراحل نفسها, ويميز(بياجيه) أربع فترات كبرى في النمو العقلي هي:

١. المرحلة الأولى: إن الطفل حتى الشهر الثامن عشر يعيش مرحلة حسّية حركية, إذ يبدأ الطفل في هذه المرحلة بانطباعات غير متناسقة عن طريق حواسه المختلفة, وذلك لعدم قدرته على تمييز هذه الإنطباعات من استجاباته المنعكسة لها.

ويحصل التناسق الحركي والتوافق تدريجياً في هذه المرحلة حيث تصبح هـذه الأمـور ضروريـة لإدراك الأشياء ومعالجتها يدوياً في المكان والزمان.

٢. المرحلة الثانية: وهذه المرحلة تقـع بـين عمـر عـامين وسبعة أو ثمانيـة أعـوام, وهي المرحلـة التشخيصية, حيث تنمو حصيلة الطفل الرمزية واللفظية فيصبح قادراً عـلى تصور الأشياء في غيابها, ويرمز إلى عالم الأشياء بكامله مع ما بينها من علاقات, وهذا يتم من خلال وجهة نظره الخاصة, ولا يستطيع الطفل في هذه المرحلة تجميع الأشياء وفق خصائصها المشتركة بل يصنفها تصنيفاً توفيقياً إذا استرعى انتباهه شيء ما مشترك بين مجموعة أشياء.

٣. المرحلة الثالثة: وهي سن الحادية عشرة أو الثانية عشرة حيث يصبح الطفل قادراً عـلى إعـادة النظر في العمليات عقلياً بالنسبة للحالات المادية فقط, ومع تقدم نمـو الطفل يتوزع الإنتبـاه وتصبح العمليات القابلة لإعادة النظر ممكنة عقلياً في باديء الأمر, ثم تنسق مع بعضها حتى ينظر إلى العلاقة المعينة كحالة عامة لكل فئة.

٤. المرحلة الرابعة(مرحلة المراهقة): وفي هذه المرحلة تصبح العمليـات العقليـة عمليـات مجـردة تجريداً تامـاً من الحالات المحسوسة جميعها, وفي كل مرحلـة مـن هـذه المراحـل تنمـو مـدارك الطفل بالتجربة من خلال التفاعل والتوازن بين مناشط التمثل والمطابقة, لأن التجربة وحدها لا تكفي, وترجع الحدود الفطرية في النمو لكل مرحلة إلى نضج الجهاز العصبي المركـزي مـن جهة, وإلى خبرة الفرد عن البيئة المحيطة من جهة أخرى.

ويبدأ اللعب في المرحلة الحسية الحركية, إذْ يرى(بياجيه) أن الطفل حديث الولادة لا يدرك العالم في حدود الأشياء الموجودة في الزمان والمكان, فإذا بنينا

حكمنا على إختلاف ردود الفعل عند الطفل, فإن زجاجة الحليب الغائبة عن نظره, هـي زجاجة مفقودة للأبد, وحين يأخذ الطفل في الإمتصاص لا يستجيب لتنبيه فمه وحسب, بـل يقـوم بعمليـة المـص وقت خلوه من الطعام كذلك, ولا يعد هذا لعباً حتى ذلك الوقت, لأنه يواصل لذة الطعم.

وينتقل سلوك الطفل الآن إلى ما وراء مرحلة الإنعكاس حيث تنضم عناصر جديـدة إلى رد الفعـل الدوري بين المثيرات والإستجابات, ويقل نشاط الطفل تكراراً لما فعله سابقاً, وهذا ما يطلق عليه(بياجيه) التمثل الإسترجاعي, ومثل هذا التكرار من أجل التكرار هو في حد ذاته طليعة اللعب.

وتضفي نظرية (بياجيه) على اللعب وظيفة بيولوجيـة واضحة بوصفه تكراراً نشـطاً, وتـدريباً يتمثل المواقف والخبرات الجديدة تمثلاً عقلياً, وتقدم الوصف الملائم لنمو المناشط المتتابعة.

مما تقدم يمكن أن نستخلص أن نظرية(بياجيه) في اللعب تقوم على ثلاثة إفتراضات رئيسية هي:

١. إن النمو العقلي يسير في تسلسل محدد من الممكن تسريعه أو تأخيره, ولكن التجربـة لا يمكن أن تغيره وحدها.

٢. إن هذا التسلسل لا يكون مستمراً, بل يتألف من مراحل يجب أن تتم كل مرحلة منها قبـل أن تبدأ المرحلة المعرفية التالية.

٣. هذا التسلسل في النمو العقلي يمكن تفسيره اعتماداً على نوع العمليات المنطقية التي يشتمل عليها.

سيكولوجية اللعب

يعد اللعب نشاطاً هاماً يمارسه الفرد, ويقوم بدور رئيس في تكوين شخصيته مـن جهـة, وتأكيـد تراث الجماعة أحياناً من جهة أخرى, واللعب ظاهرة سلوكية تسود عالم الكائنات الحية, ولا سيما الإنسان, واللعب في الطفولة وسيط تربوي هام يعمل عـلى تكوين الطفل في هـذه المرحلـة الحاسـمة مـن النمـو الإنساني, ولا ترجع أهمية اللعب إلى الفترة الطويلة التي يقضيها الطفل في اللعب فحسب, بـل إلى أنـه يسهم كذلك بدور هام في التكوين النفسي للطفل, وتكمن فيه أسس النشاط التي تسيطر عـلى الطفـل في حياته المدرسية.

يبدأ الطفل بإشباع حاجاته وتفريغ طاقاته عن طريق اللعب, حيـث تتفتح أمـام الطفل أبعـاد العلاقات الإجتماعية القائمة بين الناس, ويدرك أن الإسهام في أي نشاط يتطلب من الشخص معرفة حقوقه وواجباته,

وهذا ما يعكسه في نشاط لعبه ، واللعب كذلك مدخل أساسي لنمو الطفل عقليا ومعرفيا وليس لنموه اجتماعيا وانفعاليا فقط ، ففي اللعب يبدأ الطفل في تعرف الأشياء وتصنيفها ، ويتعلم مفاهيمها ويعمم فيما بينها على أساس لغوي ، وهنا يـؤدي نشـاط اللعب دورا كبيرا في النمـو اللغـوي للطفل وفي تكوين مهارات الاتصال لديه فيما حوله ، كـما أن اللعب لايختص بالطفولـة فقـط ، فهو يـلازم الكبـار والصغار ، ويكاد يكون موجودا في كل نشاط أو فاعلية يؤديها الفرد كبيرا أو صغيرا.

إن العمل ينطوي على إمكانات تربوية وتعليمية هائلة في عملية النمو فنشاط العمـل يشبـع في الطفل حاجة أصلية إلى الممارسات الشديدة والفعالة ، ويكون العمل جذابا بقـدر مـا يبعـث مـن مشاعر السرور لدى الطفل نتيجة لمساهمته بالنشاط مع

الكبار والأطفال الآخرين ، فالأطفال الصغار يقومون بمهام عملية منفردة توجههم اليها دوافع ضيقة تتسم بالتركيز حول الذات ، وهم يعملون بغية الحصول على رضا واستحسان الوالدين والكبار.

ومع تقدم المراحل العمرية للطفل ، تأخذ دوافع العمل والنشاط في التغير عند الأطفال ، فطفل الثالثة من العمر يكون لديه أكثر اجتذابا واستشارة حيث يقوم بأداء ما يطلب إليه بالاشتراك مع الكبار ، ويشعر بنفسه وكأنه شخص كبير ، بينما تأخذ دوافع العمل لدى أطفال سن السادسة والسابعة والثامنة في اكتساب مغزى اجتماعي أكثر وضوحا ، وللعمل قيمة كبيرة في نمو المهارات اليدوية والقدرات العقلية والتناسق العضلي العصبي لدى الأطفال عندما يقلد الكبار وينفذ تعليماتهم يمكنه استخدام ما يتوفر له من أدوات المائدة وأدوات المدرسة ، فينبغي أن يتعلم التقاء الأدوات والوسائل والمواد المناسبة لعمل وهدف معينين ، وأن يتمكن من تحديد واختيار الأدوات وتحديد الاداءات واستخدامها بتتابع دقيق ، والعمل إلى جانب ذلك يعد مجالا لتنمية الإدارة عند الأطفال وصقل شخصياتهم ، حيث يقوم الطفل بتحديد مواقف العمل ويخطط لتحقيق الأهداف المرجوة، ويحاول التغلب على الصعوبات والمعوقات التي تعترضه، ومن خلال العمل تترسخ معالم النمو الإجتماعي

والعاطفي للطفل ، وهكذا نجد أن العمل المنظم تربويا ينطوي على إمكانات هائله للنمو المتكامل للطفل بما في ذلك حركاته وإحساساته ، ذاكرته وانتباهه وتفكيره ، وفي نشاط العمل تتوفر إمكانات كبيرة لنمو السلوك الهادف والمثابرة والصبر والإرادة والمشاعر الإنسانية الراقية....الخ.

أنواع اللعب عند الأطفال

تتنوع أنشطة اللعب عند الأطفال من حيث شكلها ومضمونها وطريقتها ، وهذا التنوع يعود إلى الأختلاف في مستويات نمو الأطفال وخصائصها في المراحل العمرية من جهة والى الظروف الثقافية والمادية والاجتماعية المحيطة بالطفل من جهة أخرى ، وعلى هذا يمكننا أن نصنف نماذج الألعاب عند الأطفال إلى الفئات التالية:

١-الألعاب التلقائية :

وهي عبارة عن شكل أولي من أشكال اللعب ، حيث يلعب الطفل حرا وبصورة تلقائية بعيدا عن القواعد المنظمة للعب ، وهذا النوع من اللعب يكون في معظم الحالات فرديا وليس جماعيا ، حيث يلعب الطفل كما يريد ، ويميل الطفل في مرحلة اللعب التلقائي الى التخريب والتدمير وذلك بسبب نقص الاتزان الحسي الحركي ، إذ يجذب اللعبة أو الدمية بعنف ويرمي بها بعيدا ، وعند نهاية العام الثاني من عمرة يصبح هذا الشكل من اللعب أقل تلبية لحاجاته النمائيه ، ليفسح المجال أمام شكل أخر من أشكال اللعب.

٢-الألعاب التمثيلية :

ويظهر هذا النوع من اللعب في تقمص الطفل لشخصيات الكبار مقلدا سلوكهم وأصواتهم وحركاتهم وأساليبهم الحياتية التي يراها الطفل وينفعل بها ، وتعتمد الألعاب التمثلية - بالدرجة الأولى - على خيال الطفل الواسع و مقدرته الإبداعية ، حيث يطلق على هذه الألعاب ، بالألعاب الإبداعية ، ويتصف هذا النوع من اللعب بالإيهام أحيانا وبالواقع أحيانا أخرى ، إذ لا تقتصر الألعاب التمثيلية

على نماذج الألعاب الخيالية الإيهامية فحسب ، بل تشمل ألعابا تمثيلية واقعية أيضا تترافق مع تطور نمو الطفل.

٣-الألعاب التركيبية :

يظهر هذا الشكل من أشكال اللعب في سن الخامسة أو السادسة ، حيث يبدأ الطفل بوضع الأشياء بجوار بعضها دون تخطيط مسبق ، فيكتشف مصادفة أن هذه الأشياء تمثل نموذجا ما يعرفه ، فيفرح بهذا الإكتشاف ، ومع تطور الطفل النمائي يصبح اللعب أقل إيهاميه وأكثر بنائية على الرغم من اختلاف الأطفال في قدراتهم على البناء والتركيب.

ويعتبر اللعب التركيبي من المظاهر المميزة لنشاط اللعب في مرحلة الطفولة المتأخره من سن(١٠-١٢) سنة ، حيث يتضح ذلك في الألعاب المنزلية وتشييد السدود.... فالأطفال الكبار يضعون خطة اللعبة ومحورها ، ويطلقون على اللاعبين أسماء معينة ويوجهون أسئلة لكل منهم ، حيث يصدرون من خلال الإجابات أحكاما على سلوك الشخصيات الأخرى ويقومونها.

ونظرا لأهمية هذا النوع من الألعاب فقد اهتمت وسائل التكنولوجية بإنتاج العديد من أنواع الألعاب التركيبية التي تتناسب مع مراحل نمو الطفل كبناء منزل أو مدرسة أو مستشفى أو نماذج لبناء السيارات والقطارات الطائرات من المعادن أو البلاستيك أو الخشب ....وغيرها.

٤-الألعاب الفنية :

وهذا النوع من الألعاب يدخل في نطاق الألعاب التركيبية ، ولكنة يتميز بأنه نشاط تعبيري فني وينبع من الوجدان والتذوق الجمالي ، في حين تعتمد اللعاب التركيبية على شحذ الطاقات العقلية المعرفية لدى الطفل .

ومن ضمن الألعاب الفنية رسوم الأطفال التي تعبر عن التألق الإبداعي عند الأطفال والذي يتجلى بالشخطبه ، وهذا الرسم يعبر عما يتجلى في عقل الطفل لحظة قيامة بهذا النشاط ، ويعبر الأطفال في رسومهم عن موضوعات متنوعة تختلف بإختلاف العمر ، فبينما يعبر الأطفال الصغار في رسومهم عن أشياء وأشخاص وحيوانات وطيور مألوفة في حياتهم وفي بيئتهم ، نجد أن الأطفال الأكبر سنا يركزون أكثر على رسوم الالات والتصميمات ، ويتزايد اهتمامهم برسوم الأزهار والأشجار والمنازل والعمارات مع تطور نموهم.

وتظهر الفروق بين الجنسين في رسوم الأطفال منذ وقت مبكر ، فالأطفال الذكور لا يميلون الى رسم الأشكال الإنسانية كالبنات.

ولكنهم يراعون النسب الجسمية أكثر من الإناث، فينما تجد الأطفال جميعهم يميلون إلى رسم الأشخاص من جنسهم ما بين سن الخامسة والحادية عشرة، نجد إن البنات يبدأن في رسم أشكال تعبر أكثر عن الجنس الآخر بعد سن الحادية عشرة .

وتشمل رسوم الأولاد على الطائرات والدبابات والجنود والمعارك ، في حين تندر مثل هذه الرسوم عند البنات ، ويمكن أن نرجع سبب ذلك الى أسلوب التربية والتفريق بين الصبيان الذكور والبنات من حيث التربية والأنشطة التي

يمارسونها والألعاب التي يقومون بها ، كما تؤثر كذلك المستويات الاقتصادية والاجتماعية للأسر في نوعية رسوم الأطفال ، الى جانب مستوى الذكاء الذي يتمتع به الطفل والفروق الفردية بينهم .

٥- الألعاب الترويحية والرياضية :

منذ النصف الثاني من العام الأول من حياة الطفل يعيش الطفل بعض الألعاب الترويحية التي يلعبها مع أمه، وتعرف الطفولة انتقال الكثير من الألعاب من جيل الى أخر مثل : (الثعلب فات فات ، وبذيله سبع لفات .....) و(طاق،طاق،طاقية : رن , رن , يا جرس ....) .... وغير ذلك من الألعاب التي تتوارث عبر الأجيال.

أما في سنوات ما قبل المدرسة ، فيهتم الطفل باللعب مع أطفال الجيران ، حيث يتم اللعب ضمن جماعة غير محددة من الأطفال , حيث يقلد بعضهم بعضا وينفذون أوامر قائد اللعبة وتعليماته ، أما ألعاب هذه السن فهي ألعاب بسيطة ، وكثيرا ما تنشأ في الحال ، ودون تخطيط مسبق ، وتخضع هذه الألعاب للتعديل في أثناء الممارسة ، وفي حوالي الخامسة من العمر ، يحاول الطفل أن يختبر مهاراته بلعبة السير على الحواجز أو الحجل على قدم واحدة أو نط الحبل ....، وهذه الألعاب تتخذ طابعا فرديا أكثر منه جماعيا لأنها تفتقر الى التنافس ، بينما يتخلى الأطفال عن هذه الألعاب في السنوات ما قبل المراهقة، ويصبح الطابع التنافسي مميزا للألعاب، حيث يصبح الإهتمام متمركزا على التفوق والمهارة.

والألعاب الترويجية والرياضية لا تبعث على البهجة في نفس الطفل فحسب بل إنها ذات قيمة كبيرة في التنشئة الإجتماعية.

فمن خلالها يتعلم الطفل الأنسجام مع الآخرين ، وكيفية التعاون معهم في الأنشطة المختلفة ، وتتجلى قيمة هذه الأنشطة في تنشئة الطفل وفقا لمعايير الصحة النفسية، فهذه الأنشطة تتحدى الطفل لكي ينمي مهارة أو عادة ، وفي سياقها يستثار بالنصر، ويبذل جهدا أكبر..

وعندما لا يشترك الناس في صغرهم أو في صباهم في ألعاب رياضية فإنهم يحصلون على تقديرات منخفضة وفقا

لمقاييس التكيف الإجتماعي والإنفعالي للناجحين ، فمثل هؤلاء الأشخاص كثيرا ما يتزعمون الشغب ويثيرون المتاعب،

لأنه لم تكن لديهم الفرصة لأن يتعلموا كيف يكسبون بتواضع أو كيف يخسرون بشرف وبروح طيبة، أو يتحملون

التعب الجسمي في سبيل تحقيق الهدف ، وباختصار فإن أشخاصا كهؤلاء لا يحظون بميزة تعلم نظام الروح الرياضية

الطيبة، وهي لازمة للغاية لحياة سعيدة عند الكبار...

والواقع أن الألعاب الرياضية تحقق فوائد ملموسة فيما يتعلق بتعلم المهارات الحركية والاتزان الحركي،والفاعلية الجسمية

لا تقتصر على مظاهر النمو الجسمي السليم فقط ، بل تنعكس أيضا على تنشيط الأداء على مظاهر النمو الجسمي السليم فقط ، بل تنعكس أيضا على تنشيط الأداء العقلي وعلى الشخصية بمجملها ، فقد بينت الدراسات عن وجود علاقة ايجابية

بين ارتفاع الذكاء والنمو الجسمي السليم لدى الأطفال منذ الطفولة المبكرة وحتى نهاية فترة المراهقة..

٦. الألعاب الثقافية :

إن الألعاب الثقافية أساليب فعالة في تثقيف الطفل ، فمن خلالها يكتسب الطفل معلومات وخبرات كثيرة ومتنوعة ، ومن

هذه الألعاب القراءة والبرامج الموجهة للأطفال عبر الأذاعه والتلفاز والسينما ومسرح الأطفال والحاسوب والانترنت....

إن الطفل الرضيع في العام الأول يحب أن يسمع غناء الكبار الذي يجلب له البهجة والسرور، وفي العام الثاني يحب أن ينظر الطفل الى الكتب المصورة الملونة بألوان زاهية ، ويستمتع بالقصص التي تحكى له عن هذه الصور ، والى جانب ذلك تعد القراءة خبرة سارة ومسلية للطفل وخاصة إذا كان جالسا في حضن أمه ، أو في حضن شخص عزيز عليه ، ويمكن أن يتبين ميل الأطفال نحو القراءة في سن مبكرة حيث تجذبهم الكتب المصورة والقصص التي يقرؤها الكبار لهم، ويحب الأطفال في هذا السن الكتب الصغيرة الملونة ليسهل عليه الإمساك بها ، وغالبا ما يميل الأطفال إلى القصص الواقعية ، كما نلاحظ أن الأم إذا اتجهت في قصصها نحو الخيال فإن ذلك يؤثر في تفضيل الطفل لهذه القصص ، ونلاحظ بأن معظم الأطفال يفضلون معظم القصص التي تدور حول الأشخاص أو الحيوانات المألوفة في حياتهم وبيئتهم ، كما يميلون الى القصص الكلاسيكية مثل (ساندريلا ، وعلي بابا ، والأربعين حرامي...الخ).

كما يميلون الى القصص العصرية التي تدور حول الفضاء والقصص الفكاهية والدرامية. كما يميلون في سنوات ما قبل المدرسة الى القصص الإيحائية التي تدور حول الحيوانات التي تسلك سلوك الكائنات الإنسانية.

وتكشف الدراسات أن الميل نحو القراءة عند الطفل يختلف من مرحلة الى أخرى في سنوات المدرسة، حيث يتحدد بموجبها انماط الكتب التي يستخدمها ، ففي حوالي السادسة أو السابعة يميل الطفل الى قراءة القصص التي تدور حول الطبيعة والبرق والرعد والرياح والأشجار الطيور ، كما أنه يهتم بحكايات الجن أو الشخصيات الخرافية والقصص التي تكون قصيرة وبسيطة..

وفي حوالي سن التاسعة والعاشرة من عمر الطفل يميل إلى قصص المغامرة والكوميديا والرعب وقصص الأشباح ، ومع نهاية مرحلة الطفولة ،تتعزز مكانة القراءة في نفوس الأطفال وخاصة لدى البنات إما في مرحله المراهقة فتصبح الميول القرائية لدى المراهقين أكثر صقلا وأكثر أمتاعا من الناحية العقلية ، فينما يهتم الأولاد بالموضوعات التي تتعلق بالعلم والاختراع،تهتم البنات بالشؤون المنزلية والحياة المدرسية، إما في سن المراهقة فيصل الولع بالقراءة إلى ذروته نتيجة للعزلة التي يعاني منها المراهقون، حيث ينهمكون في القراءة بغيه الهروب من المشكلات التي تعترضهم من جهة والى زيادة نموهم العقلي والمعرفي من جهة أخرى.

كما يظهر اهتمام المراهقين بالكتب التي تتحدث عن الأبطال التاريخيين والخرافيين ،فينما يهتم الأولاد في سن المراهقة بالاختراعات والمغامرات والبطولات والمعارك ،تهتم البنات بالكتب المتعلقة بالمنزل والحياة المدرسية والجامعية...

والواقع أن حب القراءة والكتاب تمثل أحد المقومات الأساسية التي عليها فاعلية النشاط العقلي ، لذا يتطلب من الأهل والأسرة أدراك المراحل النمائية المختلفة لأطفالهم والكتب التي تناسب كل مرحلة، للتعامل معها بفاعلية لتكوين عادات قرائية سليمة ودائمة منذ الطفولة، وأن تتأصل هذه العادات لدى الأطفال مع أنتقالهم من مرحله عمرية إلى مرحلة أخرى.

العوامل المؤثرة في لعب الأطفال

لقد أثبتت الدراسات المختلفة على لعب الأطفال ، أن لعب الأطفال يتخذ أشكالا وأنماطا متباينة ، فالأطفال لا يلعبون بدرجة واحدة من الحيوية والنشاط . كما أن الطفل نفسه لا يلعب في كل وقت بنفس الحيوية والنشاط والنمط ، لذا فإن لعب الأطفال تتحكم فيه عوامل كثيرة متباينة ومختلفة نذكر منها ما يلي :

١- <u>العامل البدني :</u>

من الملاحظ أن الطفل الصحيح بدنيا يلعب أكثر من الطفل غير السليم بدنيا ، كما انه يبذل جهدا ونشاطا يفرغ من خلالهما أعظم ما لديه من طافه ،لأن العقل السليم في الجسم السليم .

وتدل ملاحظات المعلمين في المدارس الابتدائية والمشرفين على دور الحضانة ورياض الأطفال ، أن الأطفال الذين تكون تغذيتهم ورعايتهم الصحية ضعيفة أو ناقصة ، هم أقل لعبا واهتماما بالألعاب والدمى التي تقدم لهم .

ولا شك أن مستوى النمو الحسي - الحركي في سن معينة عند الطفل ، يلعب دورا هام في تحديد إبعاد نشاط اللعب عنده ، فقد تبين أن الطفل الذي لا يملك القدرة على قذف الكرة أو التقاطها ، لا يشارك أقرانه في

الكثير من ألعاب الكرة ، كما أن النقص في التناسق الحركي عند الطفل ينتهي به إلى صده وإعاقته عن ممارسته الألعاب التي تعتمد بصورة أساسية على التقطيع والفك والتركيب والرسم والزخرفة والعزف ....، وقد كشفت الدراسات التي أجريت على استخدام مواد من لعب الأطفال أن اللعب يتوقف الى حد كبير على مستوى الإتساق العصبي – العضلي الذي بلغه الطفل .

٢- العامل العقلي :

يرتبط لعب الطفل منذ ولادته بمستوى ذكائه ، فالأطفال الذين يتصفون بالذكاء هم أكثر لعبا وأكثر نشاطا وحيوية في لعبهم من الأطفال الأقل مستوى من الذكاء ، كما يدل لعبهم على تفوق وإبداع أعظم ، وتبدو الفروق الفردية بين هذين النموذجين من الأطفال واضحة في نشاط لعبهم منذ العام الثاني ، فسرعان ما ينتقل الطفل الأكثر ذكاءا من اللعب الحسي الى اللعب الذي يبرز فيه عنصر الخيال والمحاكاة جليا واضحا عنده ، بينما لا يتضح هذا التطور في لعب الأطفال الأقل ذكاء ،إذْ أن لعبهم يأخذ مع انقضاء الشهور والسنوات شكلآ نمطيا لا يبرز من خلاله مظهر أساسي للتغير ، فيبدو تخلفهم عن أقرانهم من السن نفسها في نشاط لعبهم وأنواعه وأساليب ممارستهم فيه .

وقد دلت الدراسات أن الأطفال الذين كانت نسب ذكائهم عالية في مرحلة ما قبل المدرسة ، قد أبدوا اهتماما واضحا بالأجهزة والمواد التي تستخدم في الألعاب التمثيلية والفعاليات التي تتطلب الإبتكار ، وتصبح هذه الفروق بين الأطفال من النموذجين أكثر وضوحا كلما تقدمت بهم السن ، ويبدي الأطفال المرتفعو الذكاء اهتماما بمجموعة كبيرة من نشاطات اللعب ،

ويقضون في ذلك وقتا أطول ، ويكونون أكثر ميلآ الى الألعاب الفردية من ميلهم الى الألعاب الجماعية .

كما أن الأطفال النابهين يميلون الى الألعاب الرياضية ، ويكون ميلهم الى الألعاب العقلية ، وهم يستمتعون بالأشياء جميعها ، وتتكون لديهم هوايات مختلفة ومتنوعة أكثر من الأطفال الآخرين .

٣- عامل الجنس :

تظهر في بعض المجتمعات فروق بين لعب الصبيان ولعب البنات ، وهذه الفروق تلقى التشجيع الايجابي من الكبار ، ففي مجتمعنا يمكن السماح لصغار الصبيان اللعب بعرائس إخواتهم دون اعتراض أو سخرية ، وكذلك البنات يجدن المتعة عند اللعب بدمى السيارات أو القطارات ، مع أن هذه الدمى قلما تقدم لهن على شكل هدايا ، كما أن البنات الأكبر سنا لا يشجعن على القيام بالألعاب الخشنة كالصبيان ، كما أن الصبيان الذين يهربون من الألعاب الخشنة أو الذين يفضلون القراءة أو العزف على البيانو، يتعرضون لأوصاف مختلفة ، ويختلف الصبيان عن البنات اختلافا كبيرا في ألعابهم نظرا لطبيعة التكوين الجسمي أو التربية أو البيئة أو نظرة المجتمع أو السن ...

وقد أظهرت دراسة في أمريكا الشمالية على أن الأطفال في سن الثالثة أظهروا فروقا جنسية في الروح العدوانية من خلال لعبهم بالعرائس الصغيرة ،، أما الصبيان في سن الرابعة فقد أكثر لعبهم وانشغالهم بالتهريج والأنشطة التي تعتمد على العنف والعضلات ، بينما لجأت البنات الى لعبة البيوت أو الرسم ، وقد أجريت دراسة حديثة على أطفال من الانجليز في سن الثالثة ، فكانت نتيجتها أن الصبيان يمارسون لعبة الحرب

أكثر من البنات ، وأن الضحك والقفز علامات تدل على أن مشاجراتهم ودية .

٤- **عامل البيئة:**

لا شك بأن الأطفال يتأثرون بعامل المكان والبيئة التي يعيشون فيها ، ففي السنوات الأولى يلعب معظمهم مع الأطفال الذين يجاورونهم في المسكن ، وبعد فترة يلعبون في الشارع أو الساحات أو الأماكن الخالية القريبة من مسكنهم وبذلك يختلطون مع بقية أطفال الجيران والأحياء القريبة ، وبذلك يكون للبيئة التي يعيشون فيها تأثير واضح في الطريقة التي يلعبون بها وفي نوعية الألعاب أيضا ، وإذا لم تتهيأ لهم أماكن ملائمه وقريبة من منازلهم للعب ، أو إذا لم تتوفر لهم مواد اللعب المستخدمة في لعبهم كالكرة أو الدراجات أو الحلول أو الساحات أو الحدائق ..... ، فإنهم ينفقون وقتهم في التسكع أو يصبحون مصدرا للأزعاج و إثارة المشاكل ، وقد أوضحت العديد من الدراسات والبحوث أن الأطفال الفقراء يحجمون من اللعب مع الأطفال الأغنياء، وربما يرجع السبب في ذلك الى ولو جزئيا الى الإختلاف في الحالات الصحية ، ولكنه يرجع بصورة أساسية الى أن البيئات الفقيرة فيها لعب أقل ووقت أقل ومكان أضيق للعب من البيئات الغنية والميسورة ، وفي مناطق الريف والصحراء تقل الألعاب بسبب انعزالها ولصعوبة تنظيم جماعات الأطفال ، كما تقل فيها أيضا أوقات اللعب وادواته ، لأن الأطفال ينصرفون الى مساعدة والديهم في أعمالهم .

وللبيئة أثر واضح في نوعية وطبيعة اللعب ، فطبيعة المناخ وتوزيعه على فصول السنة تـؤثر في نشاط الأطفال وفي نوعية ألعابهم ، ففـي المنـاطق المعتدلة يمكـن للأطفال الخـروج للعـب في الحدائق شتاءا، بينما يقومون

بالتزحلق على الجليد واللعب في الثلج في المناطق الباردة ، كما يتحدد الإطار الذي يلعب فيه الأطفال في الأماكن المغلقة في المناطق التي تشتد فيها الحرارة صيفا ، في حين ينتقل الأطفال الى شواطئ البحار وحمامات السباحة في المناطق ذات الحرارة المعتدلة صيفا ، ومن الألعاب ما يختص بفصل معين من فصول السنة ، فلعبة كرة القدم تعد لعبة شتوية بينما السباحة تعد لعبة صيفية ، وقد تختلف اهتمامات الأطفال باللعب ومواده باختلاف البيئة ، فالأطفال في المناطق الساحلية تختلف اهتماماتهم عن الأطفال في المناطق الداخلية أو الصحراوية أو الجبلية أو أطفال الغابات ، كما أن الأطفال في البيئات الصناعية يهتمون بألعاب تختلف عن ألعاب أطفال البيئات الزراعية والريفية .....

٥- العامل الاجتماعي والثقافي :

مما سبق لاحظنا أن لعب الأطفال يتأثر بالبيئة والجنس والحالة الصحية والجسمية المستوى العقلي ، وكذلك يتأثر لعب الأطفال بثقافة المجتمع وبما يسوده من عادات وقيم وتقاليد ،كما ترث أجيال الأطفال عن الأجيال السابقة أنواعا من الألعاب تنتشر في المجتمع وتشيع فيه ، وهي ألعاب تقليديه تتكرر بين الأطفال في كثير من الشعوب ، فقد نجد مثلا أن لعبة الأختفاء (الأستغمايه)تنتشر لدى الأطفال في كثير من البلدان الأسيوية والأوروبية والعربية .

كما أن للمستوى الأقتصادي والاجتماعي أثر كبير في نشاطات الأطفال كما وكيفا على السواء ، وإذا كانت هذه الفروق لا تتضح خلال سنوات الطفولة الأولى فإنها تظهر بوضوح كلما تقدم الأطفال في السن ، فالأطفال الذين تكون أوضاعهم الاجتماعية والاقتصادية أعلى يكونون أكثر تفضيلا

لنشاطات اللعب التي تكلف بعض الأموال كالتنس الأرضي مثلا، في حين أن الأطفال الآخرين يميلون الى ألعاب الأقل تكلفه كألعاب كرة القدم والنط على الحبل والسباقات والركض ....،

كما أظهرت الدراسات أن للطبقة الإجتماعية التي ينتمي إليها الطفل أثرا في نوعية الكتب التي يقرؤها وفي الأفلام التي يراها والنوادي التي يرتادها ، فالأطفال الأغنياء يمارسون ألعابا ذات طابع حضاري كالموسيقى والرحلات والمعسكرات والفن ، في حين نجد أن الأطفال الفقراء يقضون وقتا كبيرا في مشاهدة

برامج التلفزيون أو اللعب خارج المنزل في الساحات والحارات والأزقة والشوارع...

أهمية وفوائد اللعب لدى الأطفال

أثبتت الأبحاث والدراسات الميدانية أن للعب فوائد عديدة يكتسبها الأطفال من النواحي الجسمية والصحية والعقلية والاجتماعية والخلقية والتربوية ، وسنتطرق بإيجاز لفوائد اللعب في حياة الأطفال :

١- من الناحية الجسمية :

إن اللعب نشاط حركي ضروري في حياة الطفل ، لأنه ينمي العضلات ويقوي الجسم والعظام ، ويصرف الطاقة الزائدة عند الطفل ، وقد أثبتت الدراسات أن هبوط مستوى اللياقة البدنية وهزال الجسم وتشوهاته لدى بعض الأطفال هي بعض نتائج تقييد الحركة عند الأطفال فزحف الأبنية والعمارات على حساب الساحات والحدائق والكروم .... والبيوت الحالية المؤلفة من عدة طوابق قد حدت من نشاط الطفل وحركته فهو يحتاج الى الركض والقفز والتسلق ... وهذا غير

متوافر في المساكن والعمارات ذات الطوابق الضيقة المساحة . فمن خلال اللعب يحقق الطفل التكامل بين وظائف الجسم الحركية والانفعالية والعقلية التي تتضمن التفكير والمحاكاة ويتدرب على تذوق الأشياء ويتعرف على لونها وحجمها وشكلها وكيفية استخدامها .

٢- من الناحية العقلية :

لاشك بأن اللعب يساعد الطفل على أن يدرك عالمه الخارجي ، وكلما تقدم الطفل في العمر أستطاع أن ينمي كثيرا من المهارات في أثناء ممارسته لألعاب وأنشطة معينة ، ويلاحظ بأن الألعاب التي يقوم بها الطفل بالاستكشاف والتجميع ... وغيرها من أشكال اللعب التي تتميز بها مرحلة الطفولة المتأخرة تثري حياته العقلية بمعارف ومعلومات هامة وكثيرة عن العالم الذي يحيط به ، بالإضافة الى ما تقدمه القراءة والمطالعة والرحلات والزيارات والموسيقى والأفلام السينمائية والبرامج التلفزيونية من معارف جديدة .

لذا فعلى الأسرة ورياض الأطفال والمدارس الابتدائية تنظيم نشاط اللعب على أساس مبادئ التعلم القائم على حل المشكلات وتنمية روح الإبتكار والإبداع لدى الأطفال .

٣- من الناحية الإجتماعية :

إن اللعب يساعد على نمو الطفل من الناحية الاجتماعية ، ففي الألعاب الجماعية يتعلم الطفل التعاون والنظام ، ويؤمن بروح الجماعة واحترامها ، ويدرك قيمة العمل الجماعي ومراعاة المصلحة العامة واحترامها ، واذا لم يمارس الطفل اللعب مع الأطفال الآخرين فإنه ينشأ أنانيا ويميل الى العدوان ، ويكره الآخرين ، ولكنه بواسطة اللعب يتمكن من إقامة علاقات جيدة ومتوازنة معهم ، وأن يحل ما

يعترضه من مشكلات وصعوبات ضمن الإطار الاجتماعي ، فيتحرر من نزعة التمركز حول الذات .

٤- <u>من الناحية الخلقية :</u>

إن اللعب يسهم في تكوين النظام الأخلاقي المعنوي لشخصية الطفل ، فمن خلال اللعب يتعلم الطفل من الكبار معايير السلوك ، كالعدل والصدق والأمانة وضبط النفس والصبر والشجاعة والكرم واحترام الكبير...، كما أن القدرة على الإحساس بشعور الآخرين تنمو وتتطور من خلال العلاقات الإجتماعية التي يتعرض لها الطفل في السنوات الأولى من حياته.

وإذا كان الطفل يتعلم في اللعب أن يميز بين الواقع والخيال فإن الطفل من خلال اللعب وفي سنوات طفولته الأولى يظهر الإحساس بذاته كفرد مميز في الأسره والمجتمع ،فيبدأ في تكوين صوره عن الذات وإدراكها على نحو مميز عن ذوات الآخرين رغم اشتراكه معهم بعدة صفات.

٥- <u>من الناحية التربوية :</u>

لا يكتسب اللعب قيمة تربوية إلا إذا استطعنا توجيهه على هذا الأساس ، لأنه لا يمكننا أن نترك عملية نمو الأطفال للمصادفة لأنها لا تضمن تحقيق القيمة البنائية للعب ، وإنما يتحقق النمو السليم للطفل بالتربية الواعية التي تضع خصائص نمو الطفل ومقومات تكوين شخصيته في نطاق نشاط تربوي هادف .

وفي هذا المجال فقد أجريت دراسات تجريبية على أطفال من سن (٥-٨) سنوات في (١٨) مدرسة ابتدائية وروضة أطفال ، منها (٦) مدارس تجريبيه تقدم على استخدام نشاط اللعب أساسا وطرقة للتعلم .

وقد تراوح وقت هذا النشاط مابين ساعة الى ساعة ونصف يوميا .

و(١٢) مدرسة تؤلف المجموعة الضابطة التي لم يكن فيها تقريبا توظيف اللعب نشاطا أساسيا للتعلم.

وقد كشفت نتائج مجموعه المدارس التجريبية عن مستويات متقدمة للنمو في جوانب شخصية الطفل كلها ، مقارنه بالمستويات الأقل التي ظهرت لدى المجموعة الضابطة ويمكننا أن نلخص النتائج فيما يلي :

١- نمو مهارة جمع المواد بحرص ودأب (عند الطفل) لكي يجعل منها شيئا تعبيريا يثير اهتمامه وشغفه.

٢- الرسم الحر بالأقلام ، والتعبير عما يراود الطفل من أفكار في رسومه.

٣- نمو مهارة الأجابة عن الأسئلة الموجهة الى الأطفال ، وتكوين الجمل المفيدة ، والتعبير الحر المباشر عن افكارهم

٤- نمو مهارة عقد علاقات قائمة على الصداقة والود والأحترام مع الأطفال الكبار ممن لا يعرفونهم.

٥- سلوك اجتماعي ناضج في علاقاتهم مع الأطفال الآخرين.

٦- التمكن من مهارة الكتابة بسرعة ونظافة وإتقان.

٧- القدرة على تركيز الانتباه على الأعمال المطلوب القيام بها من قبل الأطفال.

٨- اكتساب مهارة جسميه حركية والإفادة من تدريبات الألعاب الرياضية .

٩- الانتظام في إنجاز الأعمال والواجبات المطلوبة منهم بدقة وفي المواعيد المحددة.

١٠- زيادة الحصيلة اللغوية والقدرة على التعبير عن موضوعات معينة.

الفصل الثامن

٨

الغذاء و نمو الطفل

أهمية الغذاء في حياة الانسان

أهمية الغذاء لنمو الطفل

مصادر الغذاء

الوظائف الرئيسية لمركبات الغذاء

أسباب التغذية في حياة الطفل

الاحتياجات الغذائية للطفل

الغذاء و نمو الطفل

الغذاء هو المادة التي يحصل منها الجسم على الطاقة و على العناصر التي يحتاج اليها والتي تساعده على النمو

و استمرار الحياة.

و تقوم أجهزة الجسم بعمل كيميائي لتحويل الاغذية التي يتناولها الى مواد أخرى تساعد على نمو الجسم و المحافظة عليه. و تنقسم المواد الغذائية الى ما يلي:

١. المواد النشوية (الكاربوهيدراتية).
٢. المواد الدهنية (الزيوت و الدهون).
٣. المواد البروتينية.
٤. الفيتامينات و الاملاح المعدنية.
٥. الماء.

أهمية الغذاء في حياة الانسان

تبرز أهمية الغذاء من كون أن كل جسم حي لكي يحافظ على حياته يستهلك قدرا معينا من الطاقة، والتي يحصل عليها من الغذاء طبقا للكمية التي يحتاج اليها. وقديما كان الانسان يعتمد في وجباته الغذائية على محاصيل الحبوب و التي كانت متوفرة أكثر من اللحوم و الاسماك و الخضروات, وقد استمر في اعتماده على هذه الوجبة الاساسية حتى يومنا هذا، بالرغم من اسهام وسائل التكنولجيا الحديثة في تنوع الغذاء عن طريق حفظ الاطعمة و تخزينها و نقلها بين البلدان و الاقطار المختلفة.

و قد أدت وسائل حفظ الاطعمة هذه الى التنوع في الاطعمة و الى تصدير و نقل الاطعمة من مكان الى آخر و من بلد الى آخر, حيث تنقل الدول ما لديها من فائض الاطعمة الى الدول الاخرى.

و قد أثبتت الدراسات و الابحاث العلمية الخاصة بتغذية الاطفال دور و اهمية العوامل الغذائية في التسبب بالعديد من الامراض من ناحية, ودورها الهام في التخلص من الامراض من ناحية اخرى, وذلك نتيجة لارتباط التغذية بالبيئة, وفي الوقت الحاضر فقد تغيرت العـادات الغذائيـة نتيجـة لعصرـ السرعة, وظهرت فروق كبيرة في التغذية عن الفترة الماضية.

أهمية الغذاء لنمو الطفل

يتميز سلوك الطفل الغذائي في مرحلة الطفولة بالمرونة, حيث انه يتقبل اي نوع من الغذاء يقدم له, وتعكس شهيته للغذاء مدى احتياجاته الحقيقية من الطعام, ويحاول الطفل تقليـد والديـه في عاداتـه الغذائية, ومن هنا تبرز أهمية تربية السلوك الغذائي الصحيح للطفل في هذه المرحلة.

ويحتاج الطفل الى بناء وتجديد أنسجة جسمه وازدياد النشاط والنمو المتسارع, لذا لا بد للطفل من استهلاك ما يحتاجه من الغذاء والحصول على الطاقة اللازمة للقيام بالحركة والنشاط, فضلاً عما يوفره الغذاء من طاقة ضرورية للمحافظة على درجة حرارة الجسم وبناء الجسم واكساب الجسم القدرة علـى مقاومة الامراض والحفاظ على سلامة الجسم.

و يحتاج الطفل الى الغذاء من اجل نمو خلاياه وأنسجته, لذا فإنه يحتاج الى العناصر الاساسية من الغذاء والمتمثلة بالكاربوهيدرات والدهون والبروتين والماء والاملاح المعدنية والفيتامينات.

كما ان الطفل يحتاج الى تغذية سليمة و نظام غذائي متنوع, لان قيمة الغذاء لا تقاس بكميـة مـا يتناوله الطفل, بل تقاس بما يحتويه من عناصر غذائية يحتاج اليها الجسـم و في مقدمتها عناصر النمو البدنية والوظيفية, كما يجب ان يتصف الغـذاء بخلوه مـن التلـوث والتلـف والمـواد المضـافة الكيميائيـة المضرة بالصحة.

مصادر الغذاء

تقسم المواد الغذائية حسب مصدرها الى ما يلي:

أولا: المصادر الغذائية الحيوانية: وهي تشمل المواد الغذائية الحيوانية التالية:

١. اللحوم

٢. الدواجن

٣. الاسماك

٤. الالبان

٥. البيض

ثانيا: المصادر الغذائية النباتية: وتشمل الاغذية النباتية التالية:

١. الحبوب: مثل الحمص, الفول, البازيلاء, القمح, العدس ....الخ

٢. البقوليات

٣. محاصيل السكر: مثل سكر القصب والشمندر ....الخ

٤. الخضروات

٥. الفاكهة

الوظائف الرئيسية لمركبات الغذاء

تشكل المواد الكاربوهيدراتية والبروتينات والدهون النسب الاكبر من الغذاء فهي تحوي ما بين (٨٥ – ٩٩%) من محتوى الغذاء الذي يتناوله الطفل, وتعمل هذه المركبات مصدراً اساسياً للطاقة, وفي ضوء ذلك فإن الوظيفة الاساسية للغذاء تتلخص في تزويد جسم الطفل (الانسان) بالمركبات الضرورية الغذائية والتي تتمثل بما يلي :

١. <u>مصادر البناء و التجديد :</u>

وهي عبارة عن مصادر البناء التي يوفرها الغذاء لتكوين مادة عضوية جديدة لبناء الانسجة في الجسم و تعويض ما يتلف منها و تجديد المواد الحية في الجسم. هذه المواد التي لا توجد الاّ في البروتين وهي المادة الوحيدة التي تحتوي على الآزوت (النيتروجين), و ذلك لأن البروتين يكون الجزء الاساسي من المواد الحية, والمواد البروتينية تختلف باختلاف الكائنات الحية, حيث انها تتكسر وتتحول الى اجزاء صغيرة يطلق عليها (الاحماض الامينية) والتي يستخدمها الجسم لبناء البروتينات, اذْ ان هناك ما يقارب من ثلاثين نوعا من الاحماض الامينية التي تتبادل في تركيب البروتينات.

٢. <u>مصادر الطاقة :</u>

وهي مقدار الطاقة التي يزود بها الغذاء جسم الطفل, والتي تتمثل بالمواد السكرية والمواد الدهنية والتي تتحول طاقاتها الكيميائية الى طاقة حرارية ثم الى طاقة ميكانيكية داخل الجسم, اي تتحول الى شغل (طاقة) وتعتبر المركبات العضوية هي التي تؤدي هذه الوظائف الديناميكية, حيث تولد الطاقة, وفي ضوء ذلك نتوصل الى المادة البسيطة التركيب التي تمدنا بالطاقة اللازمة للقيام بالنشاطات الحيوية المختلفة.

٣. <u>مصادر الوقاية والحيوية والنشاط:</u>

وهي عبارة عن استخدام الفيتامينات والأملاح المعدنية بالإضافة إلى الماء والتي تعمل للحفاظ على سلامة الجسم ووقايته من الأمراض والحفاظ عليه.

والجدول التالي يبين الوظائف الرئيسية للمركبات الغذائية:

المصادر الطبيعية في الاغذية	الوظائف	النوع
الحبوب ومنتجاتها، الـدهون والزيـوت، السـكر، الجـبن، البطاطا والبقوليات	انتاج الطاقة	الكاربوهيـدات والـدهون والزيوت
اللحـوم، الحليـب، البيـض، والبقوليات	بنـاء وتجديـد الخلايـا والأنسجة	البروتينات
الخضـــروات، الفاكهـــة، الحليب، الألبان ومنتجاتها	الوقايـة والحيويـة وسلامة الجسم	الفيتامينات والأملاح المعدنية

"الوظائف الرئيسية للمركبات الغذائية"

أسباب التغذية في حياة الطفل

لا شك بان الطفل في بداية حياته وتكوينه يحتاج الى كميات وافية من المواد الغذائية كماً ونوعاً حتى ينمو نمواً يتوافق مع التسارع في زيادة حجمه ووزنه ونشاطه، لـذا فإن الطفل يحتاج الى المـواد الغذائية للأسباب التالية:

١. لتعويض المادة الحية التي يستهلكها الانسـان يوميـاً، أثنـاء قيـام الجسـم بوظائفـه ونشـاطاته الحيوية المستمرة، ولتعويض ما يتلف منها أثناء قيام الجسم بهذه الانشطة والوظائف.

٢. لتزويد الجسم بالطاقة اللازمة للحركة وتوفير الجهد المطلوب للنشاط المستمر والحركة الدائمـة التي يقوم بها الطفل في هذا السن.

٣. لتكوين وتخزين احتياطي من البروتين والطاقة اللازمة لاستخدامها في فترة النمو الجسمي.

البروتينات:

وهي عبارة عن مواد غذائية تتكون من مركبات عضوية تحتوي على الكربون والهيدروجين والأكسجين بالإضافة الى النيتروجين بنسبة ثابته تقريباً وهي (١٦%).

وتتألف البروتينات من وحدات صغيرة أساسية تسمى (الأحماض الامينية) تحتوي على النتروجين والتي تختلف من حيث التركيب والحجم, ولكنها تتميز بوجود مجموعة أمينية ومجموعة كاربوكسيلية، ويتكون البروتين من حوالي ٢٢ حامض أميني تتصل مع بعضها البعض بروابط ببتيدية.

ويمكن تصنيف البروتينات الى بروتينات نباتية موجودة في البقوليات كالحمص والفول والعدس والبازيلاء....، والى بروتينات حيوانية موجودة في اللحوم والسمك والحليب ومشتقاته والبيض....، وتعتبر البروتينات الحيوانية ذات قيمة أكبر من البروتينات النباتية لانها تحتوي على قدر أكبر من الاحماض الأمينية الأساسية والضرورية، وهي الأحماض التي يحتاجها الجسم للنمو واستمرار الحياة والتي يجب أن تؤخذ من الطعام لان قدرة الجسم على تكوين وتخليق هذه الاحماض لا تفي باحتياجات الجسم.

اما الأحماض الأخرى فتسمى الأحماض الامينية غير الأساسية وهي تلك الاحماض التي يستطيع الجسم تركيبها بكميات مناسبة وكافية، لذا فإن عدم توفرها في الغذاء لا يشكل خطورة على الجسم.

وأن كمية ونوعية البروتين تختلف من مصدر غذائي الى آخر، والعامل المحدد للقيمة الغذائية، هو وجود جميع الأحماض الأمينية الأساسية في ذلك البروتين، وبنسب تقارب حاجة الجسم لها، لذا فعلى الأسرة أن تسعى لتوفير الغذاء المتوازن لاطفالها وأن تحرص على احتوائه المواد البروتينية والتي تحتوي على الأحماض الامينية الأساسية، لأن تناول بروتين منخفض لفترة طويلة قد يكون له تأثيرات عكسية على الجسم وعلى الأداء البدني، حيث أن التغذية الخاطئة تؤدي

الى هبوط المستوى المهاري، بالإضافة الى اضطرابات وظيفية للأجهزة الحيوية، والتي قد تؤدي الى النحافة وأمراض الأنيميا.

<u>أهمية البروتينات في التغذية:</u>

١. تعتبر البروتينات مصدر أساسي لبناء المركبات التي تحتوي على عنصر النتروجين في الجسم.
٢. تعمل على تنظيم توزان سوائل خلايا الجسم.
٣. تستخدم كمصدر للطاقة (١غم من البروتين يعطي ٤ سعرات حرارية).
٤. لها القابلية للاتحاد مع مركبات أخرى وتثبيتها في الجسم, فهي مثلاً تتحد مع عنصر الحديد ونقله الى الدم وتثبيته فيه.

نسبة وكمية البروتين في بعض المواد الغذائية:

أن البروتينات الحيوية تعتبر ذات قيمة غذائية عالية، لاحتوائها على جميع الحوامض الأساسية وبكمية عالية ومتوازنة مع حاجة الجسم، بينما البروتينات النباتية تعتبر ذات قيمة غذائية أقل, نظراً لنقص الأحماض الأساسية فيها.

وتحصل الأجسام على البروتين من مصادر متعددة من الغذاء، ويستهلك الجسم البروتينات الحيوانية والنباتية في آن واحد مما يعطي نوعاً من التوازن لمجموعة البروتينات المتناولة، حيث تكمل بعضها البعض.

والجدول التالي يبين نسبة البروتين في بعض المجاميع الغذائية لكل ١٠٠ غرام:

الاغذية النباتية	النسبة المئوية	الاغذية الحيوانية	النسبة المئوية
الحبوب	٦ – ٤%	اللحوم الحمراء	١٨ – ٢٠%
البقوليات	١٨ – ٣٠%	الدجاج	١٦ – ٢٠%

الذرة	٨ - ١٠%	الأسماك	١٥ - ١٨%
الأرز	٨ - ١٠%	البيض (الصفار)	١٠ - ٣ %
البطاطا	٢ - ٣%	اللبن والحليب	٣ - ٥ %
فول الصويا	٣٠ - ٣٥%		
الخضروات الورقية	أقل من ١%		

" نسبة البروتين في بعض المجاميع الغذائية لكل ١٠٠ غرام"

الكاربوهيدرات (المواد النشوية):

وهي مركبات من المواد النشوية والسكرية، وهي تتكون من الكربون والأكسجين والهيدروجين، ولا تزال الكاربوهيدرات تحتل المكانة المرموقة في غذاء الانسان على مر العصور، وهي متواجدة في الحبوب كالأرز والحمص والفول والعدس والقمح, والبطاطا والذرة والفواكه والخضروات والعديد من الأطعمة المصنعة ومنها المشروبات....

وترجع أهمية الكاربوهيدرات الى تشكيل المخ (الدماغ) لصعوبة عمله دون توفرها، كذلك فإن توفر مادة الجلايكوجين للعضلات مهم جداً لاستمرار عملية التمثيل الغذائي.

وتبرز قيمة الطاقة للمواد الكاربوهيدراتية من حيث ان الجسم يتمكن من أكسدة المواد الكاربوهيدراتية بصورة سريعة محرراً الطاقة المخزونة فيها لتمكين الجسم من القيام بنشاطاته الحيوية المختلفة.

وتعتبر الحبوب والخضروات والفواكه والقلويات والسكريات والعسل والتمر والبلح من أهم مصادر الكاربوهيدرات، وأهم وظائف الكاربوهيدرات هي تزويد الجسم بالطاقة، حيث يتحلل المواد الكاربوهيدراتية الى سكر الجلوكوز بسيط التركيب والذي يتحلل بدوره منتجاً ماء وثاني أكسيد الكربون.

المصادر الغذائية	النسبة المئوية %
السكريات	٩١ - ١٠٠ %
العسل	٧٩ -٩٠ %
الحبوب (القمح، الأرز)	٦٩ - ٧٠ %
النشا والبطاطا	٨٧ %
البنجر (الشمندر)	٥٠ - ٥٥ %
المعكرونة	٢٣ - ٣١ %
التمر والبلح	٧٥ %
البقوليات: (الفول، العدس، الفاصوليا)	١٦ %
التفاح	٦٠ %
المشمش	٦٠ %
البرتقال	١٢ %

" مصادر المواد الغذائية الكاربوهيدراتية ونسبتها في كل ١٠٠ غم من هذه المواد"

وتقسم الكاربوهيدرات الى نوعين هما:

أولاً: الكاربوهيدات البسيطة (السكريات): وهي تقسم الى:

أ. سكريات أحادية: وهي أبسط أنواع الكاربوهيدرات وأهمها، وأهم أنواعها سكر الجلوكوز، وهو السكر الموجود في الدم، والذي يمد الجسم بحاجته من هذه المواد، وسكر الفركتوز والذي يوجد في عسل النحل.

ب. سكريات ثنائية: وتتكون من وحدتان من السكريات الأحادية، وتتضمن سكر المالتوز (سكر الشعير)، واللاكتوز (سكر الحليب)، والسكروز (سكر القصب).

ثانياً: الكاربوهيدرات المركبة (النشويات): وتتكون من عدة جزئيات من السكر مثل النشا والبطاطا.

الدهون والزيوت:

وهي عبارة عن مركبات عضوية لا تذوب ولا تمتزج بالماء، وتتكون من الكربون والأكسجين والهيدروجين، ولكن نسبة الأكسجين الموجودة فيها أقل بكثير من نسبة الأكسجين الموجودة في الكاربوهيدرات.

وعندما تتحلل الدهون والزيوت داخل جسم الانسان فإنها تتحول إلى أحماض دهنية تعمل على إذابة فيتامينات التمثيل الغذائي في الجسم مثل فيتامين D، E، C، A، وتمكّن الجسم من الاستفادة من هذه الفيتامينات، كما تستخدم الدهون كعازل للإقلال من الصدمات وحماية الأعضاء الداخلية الحيوية المختلفة لجسم الانسان.

كما تعتبر الزيوت والدهون صورة مركزة جداً للطاقة، حيث أن الغرام الواحد من الدهون يحتوي على ٩ سعرات حرارية، أي أنه يعطي الجسم طاقة حرارية ضعفي ما يعطيها البروتين أو الكاربوهيدرات، وتكون معظم هذه الكمية من الطاقة كمخزون احتياطي للجسم، وهي تخزن في الأنسجة الدهنية داخل جسم الإنسان.

وحرصاً على سلامة الجسم وعلى الحالة الصحية للإنسان، فإن نسبة الدهون في الوجبة الغذائية يجب أن لا تزيد عن ٣٠ % من مجموع السعرات الحرارية الكلية للجسم، وتشكل الدهون المشبعة حوالي ١٠% من مستوى الدهن الكلي في الوجبة اليومية.

<u>وتقسم الدهون الى ثلاثة أقسام رئيسية هي:</u>

١. <u>الدهون البسيطة:</u> وتسمى (ثلاثية الجليسريدات) ومنها الزيوت النباتية والدهون الحيوانية.

٢. <u>الدهون المركبة:</u> ومن أهم أعضائها (الفسفوليبدات) ويعتبر الليستين من اهم أمثلته، وهي تحتوي على جزء غير دهني مثل (الفسفور).

وتوجد هذه الدهون في الدم وفي تركيب جدار الخلية، ووظيفته هي نقل الدهون الى جميع اجزاء الجسم. ومن امثلتها الدهون السكرية والدهون البروتينية.

---

٣. <u>الدهون المشتقة:</u> وهي تتكون من تكسير الدهون البسيطة والدهون المركبة, ومن اهم هذه المركبات، الكولسترول والفيتامينات الذائبة في الدهون.

ومن أهم المصادر الغذائية للدهون في الزيوت النباتية مثل زيت بذور القطن والصويا, والذرة والزيتون والسمسم وبذور عباد الشمس، أما المصادر الحيوانية فهي الزبدة واللحوم الحيوانية والحليب.

نوع الغذاء	النسبة المئوية للدهون
الزيوت	٩٠ - ١٠٠ %
الزبدة	٨٠ - ٩٠%
الكعك والفطائر	٤٠ - ٥٠ %
الجبن وصفار البيض	٣٠ - ٤٠ %
جوز الهند	٥٠ - ٦٥%
الحليب	٥ - ١٠ %

"محتوى بعض المواد الغذائية من الدهون لكل ١٠٠ غم"

الاحتياجات الغذائية للطفل

تختلف الاحتياجات الغذائية من المواد الدهنية والزيوت للطفل حسب المراحل العمرية المختلفة، فما يحتاجه الطفل الرضيع يختلف عما يحتاجه طفل الروضة ويختلف كذلك عما يحتاجه الطفل في المرحلة الابتدائية....، لذلك سنلقي الضوء على الاحتياجات الغذائية للطفل في بعض المراحل كالآتي:

أولاً: الاحتياجات الغذائية للطفل الرضيع

يعتبر حليب الأم من أهم الأغذية للطفل، وذلك لما يتمتع به من قيمة غذائية وصحية، ويعتبر حليب الأم غذاءاً كاملاً للطفل في أشهره الأولى لانه يحتوي على جميع المواد الغذائية الأساسية للطفل في هذه المرحلة، بالإضافة أنه يعمل على المحافظة على صحة الطفل ويجنبه التعرض الى العديد من الأمراض، ويفي باحتياجات الطفل المبكرة من التغذية والنمو.

والطفل الرضيع يحتاج باستمرار الى عمليات بناء خلايا وأنسجة جديدة، الأمر الذي يتطلب زيادة احتياجات الطفل من الغذاء والمواد البروتينية للمساعدة في عملية النمو المتسارعة للطفل في هذه المرحلة.

ويحدد معدل المواد البروتينية بمقدار (٥.٢ غم/ كغم) من وزن الطفل، فإذا كان وزن الطفل الرضيع ٤ كغم، فيكون احتياجه من حليب الأم بمقدار (٦٠٠ مليمتر) تقريباً.

ومن أهم الفيتامينات التي يحتاجها الطفل في هذه المرحلة (فيتامين A ،D)، حيث يحتاج الطفل الى (١٦٠٠) وحدة دولية في اليوم من فيتامين (A) وحوالي (١٣٠ - ٤٠٠) وحدة دولية في اليوم من فيتامين (D).

ويمكن حصول الطفل على جزء من فيتامين (D) عن طريق تعريض جسم الطفل لاشعة الشمس المعتدلة الحرارة مباشرة والتي تساعد على تكوين هذا الفيتامين تحت الجلد.

كما يحتاج الطفل بعض الأملاح المعدنية أهمها (املاح الحديد والكالسيوم) والتي تدخل في تركيب الدم والعظام.

وتبلغ احتياجات الطفل من أملاح الحديد بمقدار (ملغرام / كغم) من وزن الطفل، بينما تبلغ احتياجاته من الكالسيوم بمقدار (٧.٠ ملغرام / كغم) من وزنه.

ومن المفروض ان تكون مواعيد رضعات الطفل في هذه السن المبكرة رضعة واحدة كل (٣ - ٤) ساعات حتى يصل الطفل الى السنة الأولى من عمره، ثم تتم تغذيته بشكل منظم بثلاث وجبات يومياً.

ثانياً: الاحتياجات الغذائية للطفل من ٢ - ٦ سنوات

تمثل هذه المرحلة (الحضانة ورياض الأطفال)، حيث نشهد بطئاً في معدل النمو حيث يزداد الوزن بمعدل ٢ كغم في السنة، ويزداد الطول بمعدل (٥-٧) سم سنوياً حيث يتميز الزيادة في الطول والوزن بالاستقرار والثبات النسبي تقريباً، ونتيجة لزيادة نشاط الطفل وحركته المستمرة فإن حاجته الى الغذاء تزداد من أجل الحصول على الطاقة، كما يحتاج الطفل الى المواد البروتينية لبناء وتكوين الجسم، ويكون معدل البروتين المطلوب للأطفال بعمر ما بين (٢-٤) سنوات حوالي (٣٢) غم في اليوم، بينما يزداد بعمر (٣-٦) سنوات الى حوالي (٤٠) غم في اليوم، والتي يمكن الحصول عليها من تناول الكبده، السمك، البيض، الحليب، والجبن ومنتجات الألبان المختلفة.

كذلك يحتاج الطفل في هذه المرحلة الى الفيتامينات والأملاح المعدنية, وأهمها أملاح الكالسيوم والتي تتراوح ما بين (١ - ٢.١) ملغم في اليوم اما احتياجات الطفل من الحديد فتقدر بمعدل (٨) ملغم في اليوم للأطفال بعمر (٢-٣) سنوات، وبقدر معدله (١٠) ملغم في اليوم للأطفال بعمر (٢-٦) سنوات والتي يمكن الحصول عليها من خلال تناول الطفل لمنتجات الألبان والحليب والجبن وصفار البيض.

وإن الطفل في عمر (٢-٥) سنوات يتميز بسرعة النمو، وهذا ما يزيد احتياجات الطفل في هذه المرحلة من العناصر الغذائية التي تساعده على النمو المتوازن وبناء الخلايا والأنسجة ووقايته من الأمراض.

العناصر	العمر (٢-٥) سنوات	العمر (٦-١٢) سنة
الطاقة	١٣٠٠- ١٧٠٠ سعر/ يومياً	٢١٠٠ – ٢٥٠٠ سعر / يومياً
البروتين	٤٠- ٥٠ غم / يومياً	٦٠ – ٧٠ غم / يومياً

الكالسيوم	١ غم / يومياً	١ غم / يومياً
الحديد	(٠.٧ – ٠.٨) غم / يومياً	(٠.٧ – ٠.٨) غم / يومياً

"الاحتياجات الغذائية للطفل"

احتياجات الطفل من الطاقة

نظراً الى ان الطفل في هذه المرحلة يتميز بالنشاط والحركة الدائبة, فإن احتياجاته من المواد الغذائية تزداد، وكلما كان الطفل هادئ الحركة كلما انخفضت احتياجاته من الطاقة. ولا بد من التأكيد أن نشاط الطفل وحركته المستمرة هي دليل على ان يتمتع بصحة جيدة وسلامة عالية من الناحية الصحية, لذا فإن الأطفال النشيطين يحتاجون الى غذاء متوازن حتى يعطيهم السعرات الحرارية المطلوبة واللازمة والتي يجب ان تتناسب مع نشاطهم وحركتهم.

والجدول التالي يوضح احتياجات الطفل من السعرات الحرارية حسب حركته ونشاطه (**كيلو كالوري في اليوم**):

العمر / السنة	**طفل هادئ جداً**	**طفل نشيط**	**طفل نشيط جداً**
٢	١٢٠٠	١٦٠٠	٢٣٥٠
٤	١٤٠٠	١٨٦٠	٢٨٠٠
٦	١٦٠٠	٢١٦٠	٣٢٣٠

"احتياجات الطفل من السعرات الحرارية"

الفيتامينات:

وهي عبارة عن مواد عضوية يحتاج إليها الجسم بكميات قليلة لتحافظ على سلامته، والجسم لا يستطيع تكوينها لنفسه، ولذا يتطلب الحصول عليها من خلال

تناول الفواكه والخضروات الطازجة والحليب والبيض والمواد الغذائية المختلفة التي تحتوي عليها.

تصنيف الفيتامينات:

أولاً: الفيتامينات الذائبة في الدهون: وهي تشمل الفيتامينات التالية:

- فيتامين أ (A)
- فيتامين د (D)
- فيتامين هـ (E)
- فيتامين ك (K)

ثانياً: الفيتامينات الذائبة في الماء، وتشمل مجموعة فيتامين (ب) المركب، وهي تتضمن ما يأتي:

- فيتامين ب١ (B1)
- فيتامين ب٢ (B2)
- فيتامين ب٦ (B6)
- فيتامين ب١٢ (B12)
- أليناسين
- حمض البانتوثنيك
- البيوتين

ومن مميزات الفيتامينات الذائبة في الماء هو قدرة الجسم على امتصاصها بسهولة، ولكنها لا تخزن في الجسم، لذا فإن الفائض عن حاجة الجسم يخرج من الجسم مع الفضلات عن طريق الاخراج.

وظائف الفيتامينات:

١. ان الفيتامينات تضفي على الاغذية بعض الطعم والصفات المرغوبة.

٢. ان الفيتامينات تعمل كمضادات للأكسدة او مانعات لها، لذا فإن اضافة بعض الفيتامينات الى الزيوت تمنع تلفها وتمنع أكسدتها، مثل إضافة فيتامين (أ، هـ). كذلك يعتبر فيتامين (ج) من المواد المانعة للأكسدة، لذلك فإن وجود هذه الفيتامينات في المواد الغذائية المختلفة يمنع تلفها أو أكسدتها.

٣. تحافظ الفيتامينات على سلامة الجسم وتحميه من الإصابة ببعض الأمراض.

الفيتامينات الذائبة في الدهون ووظائفها وأعراض نقصها:

اسم الفيتامين	الوظيفة الحيوية	أعراض النقص	مصادر الغذاء
فيتامين (أ)	١. تكوين الرودويسين في العين. ٢. ينشط النمو. ٣. يمنع سماكة الجلد والقرنية. ٤. يزيد المناعة	المشي اللعشى- الليلي، تأخر النمو، حراشيف الجلد وجفافه، ضعف المناعة المكتسبة.	الكبد، صفار البيض، الزبدة، الحليب، الجزر، الخضروات الصفراء والخضراء.
فيتامين (د)	١. يساعد على امتصاص الكالسيوم والفسفور. ٢. مسؤول عن عمل الانزيم الخاص بتكوين الكالسيوم في العظام.	الكساح، لين العظام، ضعف الأسنان	البيض، السمك، الحليب، الجبن، الزبدة

فيتامين (هـ)	يمنع أكسدة فيتامين أ، ج والأحماض الدهنية غير المشبعة	له علاقة بالبلوغ الجنسي وتأخره، موت الأجنة المبكر	الزيوت النباتية، الخس، والخضروات الورقية الخضراء.
فيتامين (ك)	تكوين البروثرمين المسؤول عن تجلط الدم	نزيف مستمر، اختلال وظائف الكبد	الكبد، البيض، الخضروات الخضراء.

الفيتامينات الذائبة في الماء ووظائفها وأعراض نقصها

الفيتامين	المصادر الغذائية	الوظائف	أعراض المرض
فيتامين ب١ (B1)	اللحوم، والبيض، والبقول، والحبوب	انزيم مساعد لاطلاق الطاقة من الكربوهيدرات، والدهون والبروتينات، كما يساعد في تكوين سكر الريبوز الهام للأحماض النووية.	بري بري
ريبوفلافين فيتامين ب٢ (B2)	اللبن، اللحوم، الدواجن، بروكلي، البقول، الحبوب	فلافويرتين وهو انزيم هام لتنفس الخلايا واطلاق الطاقة وتحويل التربتوفان الى نياسين	تشقق الشفاه
النياسين	اللحوم، الدواجن، زبدة, الفول السوداني، الحبوب	مرافق انزيمي لاطلاق الطاقة من الكربوهيدرات والدهون والبروتينات وتكوين الاحماض الدهنية	البلاجرا
فيتامين ب٦ (B6)	اللحوم، الموز، الفول، السبانخ، الكرنب، البطاطس	١. يساعد في ايض الدهون والكربوهيدرات. ٢. تكوين الاحماض الدهنية	فقر الدم المتغير بصغر حجم الكريات وكذلك

		غير الاساسية. ٣. اطلاق الطاقة من البروتينات. ٤. تكوين الأجسام المضادة.	انخفاض الهيموجلوبين.
حامض البنتوتنيك	لحم الأعضاء (الكلى)، والطحال، والقلب، الحبوب، ومعظم الأطعمة	١. يدخل في تركيب المرافق الانزيمي Co-enzyme Al. ٢. اطلاق الطاقة من الكربوهيدرات والدهون والبروتينات. ٣. تكوين الكولسترول والأحماض الدهنية والهيموجلوبين.	انخفاض مناعة الجسم ضد الامراض.
البيوتين	صفار البيض، واللبن، لحم الأعضاء، البقول، البندق	١. تحليل البروتينات. ٢. اطلاق الطاقة من الكربوهيدرات, والدهون, والاحماض الامينية. ٣. تكوين الاجسام المضادة. ٤. تكوين الاحماض الكربوكسيلية.	التهابات جلدية
الفولاسين	الخضروات الورقية الداكنة الخضرة، الكبد، الكلى، الفواكه	١. نقل وحدات الكربون لتكوين الاحماض الامينية غير الاساسية وكذلك الاحماض النووية والهيموجلوبين. ٢. النمو الطبيعي لخلايا الدم الحمراء والخلايا الأخرى.	فقر الدم المتميز بضخامة الكريات

فيتامين ب١٢ (B12)	اللحوم، والدواجن، الأسماك، اللبن، البيض	١. نمو كريات الدم الحمراء. ٢. المحافظة على الانسجة الطبيعية.	فقر الدم الوبيل (الأنيما الخبيثة)
فيتامين ج (C)	الفواكه الحمضية, الفراولة، والطماطم، البروكلي، الخضروات الطازجة	١. تكوين الكولاجين. ٢. يزيد القوة للأوعية الدموية. ٣. الحماية ضد العدوى. ٤. المساعدة على تكلس الاسنان والعظام	الاسقربوط

وقد استطاعت بعض شركات الادوية والغذاء في الولايات المتحدة الامريكية واوروبا حديثاً، من انتاج بعض انواع البروتينات والفيتامينات والتي يمكن للأم الحامل او حديثة الولادة من تناولها مع غذائها, لتساعد في نمو خلايا دماغ الطفل، كما تحافظ على سلامة البصر لديه.

الفصل التاسع

٩

تعليم الفن للأطفال

أهمية التربية الفنية للاطفال

وظيفة التربية الفنية في تحقيق أهدافها التربوية الخاصة

الدور الحالي للتربية الفنية في التربية عن طريق الفن

رسوم الأطفال وأهميتها التربوية

معنى الفن عند الأطفال

أهمية التربية الفنية للأطفال

تشير الدراسات التربوية والنفسية الى ان الطفل ينمو تدريجياً حسب مراحل عمرية تطورية، وتلعب كل من التنشئة الاجتماعية والتربية دوراً هاماً في تشكيل سلوك الأطفال ولما كانت التربية الفنية هي احدى الوسائل الهامة في تهذيب السلوك فإنني وجدت من الضرورة بمكان ان افرد فصلاً كاملاً عن هذا الموضوع الهام والذي لا يقل اهمية عما يتعلق بتنشئة أطفالنا اجتماعياً وخلقياً وتربوياً وروحياً وفنياً ' حتى تكتمل تربية اطفالنا التربية الصحيحة وذلك لان التربية تهدف بصورة عامة الى تحقيق نمو الطفل نمواً متوازناً ومتكاملاً من جميع النواحي الجسدية والعقلية والاجتماعية والانفعالية والوطنية, والوصول الى حد مناسب من المهارات الاساسية والمعارف والاتجاهات التي تمكن الطفل من شق طريقه في ميدان الحياة العملية كمواطن عامل ومنتج في مستقبله واعداده لمتابعة دراسته وتوفير الفرص التربوية له ليعيش حياه طفولية سعيده بين أترابه، فلا بد إذن للتربية الأ ان تستعين بكافة المواد التعليمية بشكل متوازن لان فقدان احداها او تواجدها بشكل جزئي او غير مؤثر سينعكس على تنشئة الطفل انعكاساً واضحاً، ومن هذا المنطلق تأخذ التربية الفنية دورها كمادة من المواد التعليمية في حقل التربية العامة، فهي جزء من كل يسعى لتكامل نمو الطفل نمواً طبيعياً يتفق وقدراته الجسمية والعقلية والوجدانية والنفسية والخلقية.

وظيفة التربية الفنية في تحقيق أهدافها التربوية الخاصة

من المفيد الاشارة الى القيم الخاصة بالتربية الفنية بالنسبة للأطفال الصغار حتى نتمكن من ايجاد السبل والوسائل المناسبة للتعامل معهم لتحقيق الأهداف المطلوبة وهي:

١. التعبير الفني باللغة التشكيلية:

ان الطفل يمارس التعبير الفني من خلال الخط واللون والحجم، ويستخدم ذلك كوسيلة للتنفيس عن الذات وعن انفعالاته ومشاعره الكامنة.

٢. تنمية الناحية الوجدانية: ان العمل الفني للطفل تنمي فيه الشعور بالقيم الجمالية الكامنة في العناصر الطبيعية او الأشياء المصنوعة وتذوقها واختيار البديع منها وتكوين معيار شخصي يميز الطفل من خلاله بين الجميل وغيره.

٣. تنمية قدرة الطفل على الملاحظة الدقيقة:

من خلال الفن يتمكن الطفل من التمييز بين الأشكال المختلفة ومسمياتها، وكذلك بين الألوان واختلافاتها ودرجاتها مما ينمي لديه القدرة على الملاحظة الدقيقة والناقدة.

٤. توثيق الروابط الانسانية:

ان مشاركة الطفل في الحوار والنقاش حول ما تم انجازه من أعمال فنية قام بها هو أو أحد زملائه، فإنه يدرك بشكل مباشر أو غير مباشر ان للعمل الفني جانباً انسانياً في توثيق الروابط الانسانية، كما ان التشجيع والتحفيز الذي يقدمه الأهل او المعلم خلال هذا الحوار مع الاطفال وهم يعملون، سيدخل الطمأنينة الى نفوسهم ويدفعهم الى العمل برغبة وحماس.

إضافة الى ما سبق فإن عرض أعمال الأطفال الفنية من رسومات وغيرها في الصف او في ردهات الروضة او المدرسة سيخلق حواراً بين الأطفال أيضاً، ويشجع المتفوقين منهم، ويدفع ذوي الامكانات المحدودة الى بذل الجهود.

٥. اكساب المهارة العملية:

ان التربية الفنية مادة عملية، ومن خلالها ينطلق الأطفال الصغار من قيود الدروس النظرية الى حيث يزاولون مختلف الأنشطة في جوٍ من الحرية،

والتربية الفنية تكسب الأطفال بعض المهارات المناسبة في المجالات والأعمال الفنية كاستخدام وسائل التنفيذ والتلوين وتزودهم بالقدرة على استعمال بعض الادوات كالمقص والمشرط والمطرقة والفرشاة والمعجون والألوان والورق والكرتون.......

٦. توظيف واستعمال التربية الفنية في المواد التعليمية الاخرى:

لا شك ان دراسة المواد العلمية تحتاج الى خبرة بالعمل الفني لتوضيحها وادراكها وفهمها، فالعلوم الطبيعية او الفيزيائية يمكن توضيحها عن طريق الرسم او تنفيذ بعض التجارب او عمل بعض الوسائل التي تحتاج الى مهارة فنية، كما ان مادة الرياضيات تعتمد على تخطيط الأشكال وتوضيحها، وقد لا يكون هذا الاّ بالرسم او بالأعمال اليدوية او بالمجسمات المصنوعة من الخامات المناسبة، كما ان المصورات الجغرافية لا يمكن تحقيقها الاّ عن طريق الاتقان اليدوي في المجالات الفنية المختلفة، إضافة الى ذلك فإن اللغة العربية تعتمد على الفنون بمجالاتها المختلفة مثل الخطوط المختلفة من خط النسخ والكوفي والديواني....، وفي موضوعات التعبير او اخراج المجلات الجدارية او الأنشطة الأخرى المتعلقة باللغة.

الدور الحالي للتربية الفنية في التربية عن طريق الفن

١. المواد الدراسية واختلاف اهدافها ووظيفتها:

لا شك بأن التربية الفنية تساهم مع بقية المواد الدراسية الأخرى في تنمية استعدادات الأطفال وتوجيههم الوجهة الاجتماعية السليمة، وجميع المواد مسؤولة عن تربية الأطفال، وأن لكل مادة منها نصيب من هذه المسؤولية، يختلف عن نصيب المادة الأخرى، وإن لكل مادة وظيفة وهدف يختلف عن وظيفة وهدف المادة الأخرى, ولكن هذا لا يعني تغليب مادة على

أخرى في نصيبها او وظيفتها او هدفها, بل هو محاولة للوصول الى طريقة سليمة عند التعلم تتفق مع طبيعة الطفل وطبيعة الحياة الواقعية التي يعيشها خارج الروضة او المدرسة.

٢. التربية الفنية وسيلة وليست غاية:

ان جميع المواد الدراسية ما هي الا وسائل يتم عن طريقها تربية الاطفال وتوجيههم نحو الصالح العام واعدادهم للحياة, فاللغة مثلاً ليس الهدف منها تدريب التلاميذ على بعض القواعد بقدر ما هو مساعدتهم على التعبير اللغوي السليم، اما الهدف من تدريس التربية الفنية فهو لا يختلف عن هذا, اذْ ليس الهدف هو تدريب الأطفال على انتاج الاعمال الفنية, بل هو تعديل لسلوك الاطفال والمساهمة في تربيتهم عن طريق ممارسة الاعمال الفنية، وهذه الممارسة ليست غاية في حد ذاتها, بل هي وسيلة يكتسب الاطفال عن طريقها بعض القيم المعنية، وهذا هو المقصود بـ "التربية عن طريق الفن", أي أن تدريب الاطفال على بعض المهارات وتزويدهم ببعض المعلومات والمفاهيم واكسابهم بعض الاتجاهات والميول عن طريق ممارستهم للاعمال الفنية والاستمتاع بها.

وفيما يلي أهم القيم والاهداف التي يكتسبها الاطفال من ممارسة الفنون والاستمتاع بها:

١. تنمية الناحية العاطفية والوجدانية لدى الاطفال:

ان الطفل اذا ما انخرط في ممارسة العمل الفني فإن ذلك يساعده على تنمية وعيه الحسّي او الوجداني، فيصبح مرهف الحس، رقيق الوجدان، فالرسام او المصور مثلاً في اختياره للألوان لا يعتمد على منطقه الذهني بقدر ما يعتمد على منطقه الوجداني، فإذا ما اختار اللون الأخضر في لوحاته، فلا يعني ان هذا الاختيار بُني على ان اللون رخيص الثمن او انه شائع بين الناس او لانه براق يجذب الأنظار.....، بل لانه نال هوىً في نفس الفنان، ولمس جانباً من جوانب حسّه ووجدانه، فالطفل عندما يتعلم

استخدام الألوان او الصلصال يكون ذلك تدريباً له على استخدام الحسّ والوجدان، فينمو استعداده فيه.

٢. تدريب الحواس على الاستخدام غير المحدد:

تنطلق حواس الطفل من الأسلوب الذاتي المحدد، الى الاسلوب الموضوعي الذي لا يعرف حدوداً عن طريق ممارسة الطفل للأعمال الفنية، وقد يكون السر في هذا، إن الفرد حينما يقوم بعملية الابتكار لا يبغي من مآربه الذاتية شيئاً, فهو لا يهدف اي مكسب مادي او سلطان, بل هي لحظات تعمل فيها الحواس لمجرد تأدية وظيفتها، اذْ أن لممارسة الأعمال الفنية والاستمتاع بها أثر بالغ في تدريب حواس الطفل تدريباً غير محدود.

٣. التدريب على أسلوب الاندماج في العمل والتعامل:

ونقصد بذلك ان يكتسب الطفل الاسلوب الذي يجعله يندمج في كل ما يأتيه من أعمال او يصادفه من مواقف اجتماعية دون سيطرة او تهاون.

٤. العمل من أجل العمل:

ويقصد بهذا الهدف ان يكتسب الطفل الاتجاه الذ يجعل من كل اعماله هوايات يمارسها من اجل نفسها ومن اجل المتعة, وأن لا يكون الهدف المادي هو الأساس في عمله, لان ذلك مدعاة الى القلق ويفقد المتعة واللذة في العمل.

٥. التنفيس عن بعض الانفعالات والافكار:

ان ممارسة الاطفال والتلاميذ للأعمال الفنية تهيئ أمامهم فرص التنفيس عن بعض انفعالاتهم وأفكارهم، فيتحقق لهم نوع من

الاستقرار والاتزان النفسي, لان الفرد يتأثر بما حوله، كما أنه يؤثر بمن يحيط بهم، لذا فإن حفظ التوازن بين الناحيتين يضمن له الاستقرار والراحة النفسية.

٦. تأكيد الذات والشعور بها:

ان ممارسة الاطفال للاعمال الفنية تجعلهم يشعرون بكيانهم, فتمتلىء نفوسهم بالثقة والاعتزاز بها، مما يؤدي الى التوازن في حياته ويبعد الضيق والملل عن حياتهم، وهذه الاعمال التي يقومون بها تشعرهم باثبات وجودهم وتوجيه أنظار الاخرين لهم وهذا مما يحقق تأكيد الذات لديهم وشعورهم بالفخر والعزة والثقة بالنفس.

٧. الترابط الاجتماعي وتوحيد مشاعر الناس:

ان ممارسة الأطفال لهذه الاعمال الفنية واستمتاع الاخرين بها، فيه توحيد للمشاعر، مما يؤدي الى ترابط الجميع وتآلفهم، وهذه الوحدة والتآلف او الترابط بين الناس تعتبر من القيم التي ينشدها كل مجتمع.

٨. التدريب على استخدام بعض العدد والأدوات ومعرفة مصادرها:

ان التربية الفنية تكون عوناً للطفل والتلميذ وسبيلاً لتدريبهم على استخدام بعض العدد والادوات فينفعوا انفسهم وغيرهم في حاضرهم ومستقبلهم، حيث ان الكثير من الادوات التي تستخدم في مجال الفن يحتاجها الفرد في استخداماته الحياتية.

٩. الالمام بالمصطلحات المهنية والصناعية والقدرة على التحدث عنها:

من خلال ممارسة الطفل والتلميذ للأعمال الفنية فإنه يكتسب الكثير من المصطلحات الصناعية والمهنية والتي تساعدهم في التعامل مع أصحاب المهن الاخرى والصناعات والتفاهم معهم بلغة المهنيين والحرفيين.

١٠. استثمار اوقات فراغهم بشكل مثمر ومفيد:

ان غرس حب الفن والاعمال الفنية في نفوس الاطفال يزرع فيهم حب الفنون واحترامها وتذوق الفن وايجاد النفس المرهفة لديهم مما يدفعهم الى اشغال اوقات فراغهم في المستقبل بالرسم وممارسة اوجه الفنون الأخرى واشغال اوقات فراغهم بما هو مفيد ومثمر.

١١. احترام العمل اليدوي ومن يقومون به:

ان ممارسة الطفل العمل اليدوي عن طريق الفنون تغرس في الطفل لذة العمل اليدوي ونشوته، ويلمسون ما يحتاج اليه العمل اليدوي من جهد ومهارة واستعداد فينشأون على احترامه واحترام من يقومون به وتقديرهم، مما يؤدي الى تبادل الاحترام بين افراد المجتمع الواحد وتقدير المهن الاخرى واحترامها.

رسوم الاطفال واهميتها التربوية

ان رسوم الاطفال من الموضوعات التي تهم المشتغلين بالتربية الفنية، كما تهم غيرهم من المربين والآباء والامهات وعلماء النفس والجمال والتحليل النفسي والاخصائيين الاجتماعيين، ويختلف اهتمام كل باحث في رسوم الاطفال حسب ما يشغل باله او الغاية التي يسعى اليها.

وتعني رسوم الاطفال في المجال التربوي كل الانتاج التشكيلي الذي ينجزه الاطفال على اي سطح كان كالورق او الجدران او الارصفة....، مستخدمين الاقلام والصبغات والالوان، أي ان مصطلح رسوم الاطفال يشمل كل تعبيرات الاطفال التي تعكس سمات الطفولة بكل أبعادها الجسمية والانفعالية والعقلية والاخلاقية والنفسية في كل مرحلة من مراحل النمو.

ويمكن دراسة رسوم الاطفال من وجهات نظر مختلفة نورد بعضها فيما يلي:

١. رسوم الاطفال لغة تعبيرية:

يمكن اعتبار رسوم الاطفال كوسيلة اتصال بالغير، فعن طريق هذه الرسوم ينقل الطفل خبرته الى الرائي الذي بدوره يستطيع ان يقرأ من خلال هذه الرسوم تلك الخبرة ويتفاعل مع الطفل ويفهم كثيراً مما يدور في عقله او ما يثير اهتمامه، فرسوم الاطفال تعني نقل المعاني والقدرة على الاتصال بالآخرين، فالطفل يستطيع ان يحمل رسوماته رموزاً تتضمن الكثير من المعاني والمشاعر التي تختلج في نفسه، ولذلك فإنه يكيف الرموز في كل موقف لتعبر عن تلك المعاني والمشاعر الكامنة في اعماقه.

٢. رسوم الاطفال وسيلة للتكيف مع البيئة:

ان عالم الطفل الداخلي يمثل حاجاته الملحة, بينما يمثل العالم الخارجي القوانين والانظمة والعادات التقاليد التي تضغط على الطفل لتفرض نفسها عليه وتحاول ان تخضعه لمسايرتها، لذلك فإننا نلاحظ ان هذا الطفل في تفاعل مستمر يحاول فيه المواءمة بين حاجاته الداخلية ومطالب المجتمع الذي يحيط به، وعندما يشتد الصراع يجد الطفل في رسوماته مدخلاً يخفف عن نفسه هذا الضغط, فيضع الطفل أفكاره وانفعالاته ومشاعره من خلال رسوماته، وبشكل عام فإنه لا يوجد شكل ثابت لما يجب ان تكون عليه رسومات الاطفال فهي تخضع لعوامل كثيرة منها شخصية الطفل بما تتضمنه من افكار وانفعالات ومشاعر, وبيئته وصراعه مع هذه البيئة ومحاولة التكيف معها.

٣. <u>رسوم الاطفال مظهر للعلب:</u>

يمكن اعتبار رسومات الأطفال أحد مظاهر لعبهم، باعتباره نشاط تلقائي ينبعث من الطفل يرضي حاجاته الجسمية والترويحية او ليدرب نفسه من خلال رسوماته على مواجهة المواقف المختلفة التي تواجهه، حيث يحدث في الرسم ما يحدث في اللعب الايهامي، فقد يحدث الطفل نفسه، بأنه سيقوم برسم بابا او ماما, فيرسم دائرة تحتها خط ويقول هذا بابا او ماما، فالرسم هنا يشبه اللعب الإيهامي من حيث ان الطفل يتصور الرسمة على انها صورة حية ناطقة يداعبها ويحدثها....

٤. <u>رسوم الأطفال مظهر للعلاقات الجمالية:</u>

لايستطيع الطفل دون سن الحادية عشر أن يعبر في رسوماته الفنية عن العلاقات الجمالية، تنظيماً ينسجم مع القواعد والأصول المعروفة في مدارس الفن ومعاهده المختلفة، ولكن هؤلاء الأطفال وفي هذا السن يكتشفون الدنيا من حولهم بإصول وبنظرة مختلفة، لذا يجب ان ننظر الى رسومات الاطفال على انها رسومات بلا وعي، وان اللاشعور هو الغالب في رسوماتهم، اي ان هناك مدخل اخر للجمال غير المدخل المتعارف عليه في هذه المدارس وتلك المعاهد والذي يجب علينا تقبله واحترامه.

٥. <u>رسوم الاطفال انعكاس لنموهم:</u>

من المظاهر التي تبين اهمية رسوم الاطفال, هو اعتبارها مفاتيح للنمو في جميع زواياه الجمسية والعقلية والوجدانية والنفسية, ولذلك فإن رسومات الاطفال هو سجل يبين نموهم في كل هذه الجوانب, والطفل لا يستطيع اتقان مهارة قطع الخشب او رسم لوحة الاّ اذا وصلت عضلاته الى مرحلة كافية من النضج تؤهله للقيام بمثل هذه المهارة.

كما تتنوع رسومات الأطفال في مستوياتها، حيث يمكن تمييز الطفل الذكي من الضعيف عقلياً، أي يمكن اعتبار رسومات الأطفال مفتاحا يكشف عن الصلة بين نموهم الزمني ونموهم الادراكي وذكائهم، إضافة الى أن الطفل يعبر عن انفعالاته التي يشعر بها، فيظهر ذلك مدى نموه الوجداني، لذا فإن رسوم الأطفال هي حصيلة النمو متعدد الجوانب.

معنى الفن عند الطفل

يختلف معنى الفن عند الصغار عن معناه عند الكبار، وفي السنوات السابقة كانت تقاس رسوم الأطفال وتقيم وتحاسب بمعايير الكبار أو مستوياتهم الأكاديمية، حيث كان الكبار يفرضون على الطفل آرائهم وأفكارهم بصرف النظر عن قدرته الطبيعية في النمو، وعلى مدى استيعابه لقواعد وأصول الفن فالمعلمون يحاولون فرض سيطرتهم على الأطفال باقتراح الألوان والأشكال والمواضيع، ونتيجة لذلك تظهر بعض الصعوبات التي تمنع الأطفال من استعمال الفن كوسائل للتعبير عن أنفسهم.

فعندما نسمع أن طفلاً يقول "أنا لا أستطيع الرسم"، نكون واثقين أن هناك تدخل ما في حياته أدى الى عدم ثقته بنفسه، فلجأ الى أسلوب انسحابي.

وغالباً ما يكون الخطأ في تقويم إبداعات الأطفال، هو أنك تحكم على الظاهر، من حيث الألوان والأشكال، دون فهم ما يرمي اليه الطفل، وهذا حكم غير عادل وفيه ظلم لمشاعر وامكانات الطفل.

إن النمو الفني للطفل لا يمكن أن يقاس بمعايير الجمال التي تكون مهمة بالنسبة للكبار، لأن كل طفل يستخدم في تعبيره طريقته الخاصة، ويحاول أن يبرز نمطه وكل جوانب إنتاجه سواء في اختيار الموضوع الذي يعبر عنه أو طريقة أدائه للخطوط أو في اختياره للألوان، فذلك انعكاس طبيعي لخبرات الطفل ونموه الجسمي وتكوين شخصيته.

وقد يبدو رسم الطفل بالنسبة الينا غامضاً، فننظر اليه على أنه مجموعة من الخطوط أو الشخبطات، الاّ أن هذه الخطوط والشخبطات ذات دلالات ومعاني بالنسبة للطفل، ولو سألنا الطفل عنها، لأجاب في الحال أنها صورة لأمه أو شجرة أو صورة فيل...، أو صورة لأخيه الصغير وهو يلعب.....

إن الطفل يعبر بالفن عن أفكاره ومشاعره واهتماماته، ويكشف بواسطتها عن تفاعله مع بيئته وعما يجول في خاطره...، فالطفل المحبط في أحد مجالات التعلم كالقراءة والحساب، يلجأ للفن للتنفيس عن إحباطاته، وأحياناً نجد أن الطفل المنسحب أو الصامت أكثر حاجة للتعبير فنياً من غيره.

إن عملية الخلق الفني والإبداع عند الطفل له قيمة في التنفيس عن الكبت الإنفعالي، ويعتبر الفن بالنسبة للأطفال أحد مظاهر اللعب، والطفل يلجأ الى الفن كوسيلة طبيعية يمارسها في لعبه وتعكس نفسيته، ومظاهر طفولته، واستخدام الفن كوسيلة للتنفيس يساعد الطفل على أن تكون شخصيته متزنة، حتى أن علماء النفس و التربية استخدموا الفن كوسيلة للتشخيص والعلاج، لأن الفن يكشف خبايا النفس بما يحمله العمل الفني من معان تتضمن أنواع الصراع التي يعانيها.

وباختصار، يجب تشجيع الطفل على الإندماج في تعبيراته الفنية ومساعدته على الإنطلاق بقدر المستطاع، لتطوير مفاهيم تساعده على التعبير الوجداني، ومن المهم أ ن نفهم أن هناك علاقة ذات معنى بين الطفل وبيئته, وتنعكس هذه العلاقة من خلال فنه، ويجب أن ندرك أن التعبيرات الفنية بالنسبة للطفل مهمة له، مثل أهمية الإبداع الفني عند البالغ.

١٠

الفصل العاشر

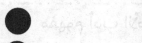

أدب الأطفال

مفهوم أدب الأطفال

اهمية أدب الأطفال

اهداف أدب الاطفال المعرفية والوجدانية

خصائص أدب الاطفال

أنواع أدب الاطفال

كيفية اختيار كتب الاطفال

مفهوم ادب الاطفال

على الرغم من كون أدب الاطفال ادباً حديثاً نسبياً، إلاّ اننا نلاحظ بوضوح، الاهتمام العالمي بهذا النوع من الأدب، وذلك لأثره البالغ في تنمية شخصية الطفل المتكاملة، والطفولة اليوم أصبحت الشغل الشاغل للأباء والمربين والمفكرين لما لها من أهمية كمرحلة أساسية في بناء الانسان، فكل خبرة من خبرات الحياة التي تقدم للأطفال أو تتصل بحياتهم تسهم في اعدادهم الاعداد السليم، لذا فالأدب الذي يقدم للأطفال من قصص وأغاني واشعار وكتب .... وغيرها تعتبر من أهم عناصر الخبرات في تكوين هذه المرحلة الهامة من حياة الطفل.

وترتبط كلمة الأدب بالأخلاق الحميدة، ولهذا سمي أدباً، لانه يؤدب الناس على الأخلاق الحميدة، وينهاهم عن الأخلاق القبيحة.

ويمكن تعريف الأدب بأنه مجموعة من الآثار المنظومة او المنثورة والتي يتجلى فيها العقل الانساني بالإنشاء واعياً قواعد خاصة تسمى قواعد الكتابة الفنية.

فالأدب يصدر عن نفس حساسة بمواطن الجمال، ذواقه، قادرة على نقل الاحساس للآخرين، ولابد أن يكون هذا الصدور مشتملاً على رؤية فنية للوجود، تحقق شروطاً جمالية وفكرية خاصة، وتجعل للأدب قيمة في الحياة، وهذه القيمة نابعة من قدرة على احداث تغيير في جمهور الناس الذي يقدم لهم.

أما الطفل فهو الصغير في كل شيء، وهو كائن حي خبراته محدودة، ويعتمد على غيره في أشياء كثيرة حتى ينمو عضوياً ووظيفياً واجتماعياً، وتجارب الطفولة كثيرة ومعقدة، والأطفال يفكرون ويشعرون ويعجبون ويدهشون ويتأملون ويحلمون، وحياتهم مليئة بالحب والخوف، وما أكثر ما يعرفه الأطفال، لكن القليل هو ما يعبرون عنه، والطفل تواق الى اكتشاف الحياة ومعرفة عالم الكبار، وهو يعيش تيارات التوتر والتفاعل والحب والكراهية والحيرة والاستقرار. والكاتب الذي

يمكنه ان يشبع هذه التجارب بالخيال ويستغرقها بالادراك والبصيرة وينقلها الى الصغار، يكون ما يكتبه هو الأدب الحقيقي للأطفال.

ويعد أدب الاطفال صرحاً قوياً في بناء ثقافة الطفل، والتي نعني بها أسلوب الحياة السائد في مجتمع الأطفال (منجزات وابتكارات، وممارسة عامة لهذه المنجزات والمبتكرات) سواء أكان من صنع الكبار او الصغار، ومن خصائصه أنه أسلوب حياة ديناميكي تام ومتطور، وهو يشمل اللغة والعادات والتقاليد والأفكار والمفاهيم ووسائل الانتقال والاتصال والمؤسسات الاجتماعية وأساليب الحياة اليومية ...... إلخ.

أهمية أدب الأطفال

ان أدب الاطفال مهم جداً للطفل في جميع مراحل عمره، يشعره بالمتعة، ويعمل على توسيع مداركه، ويشبع فضوله وحبه للمعرفة، ويعرف من خلاله الاكتشافات الجديدة، فهو غذاء فكري في المعاني والأفكار، وغذاء نفسي وعاطفي. وهو يشمل جملة المعارف الانسانية التي نقدمها للطفل من خلال الأسلوب الملائم والطريقة المثلى.

وإن ادب الأطفال على جانب كبير من الأهمية لأسباب كثيرة أهمها ما يلي:

١. يسلي الطفل ويشعره بالمتعة ويشغل فراغه وينمي هواياته.

٢. يعرفة على البيئة التي يعيش فيها من جميع جوانبها.

٣. يساهم في اطلاعه على افكار وآراء الكبار.

٤. ينمي لديه القدرات اللغوية، وذلك بزيادة المفردات اللغوية لديه وتنمية قدرته على القراءة والاستيعاب.

٥. يشكل لديه ثقافة عامة عما يحيط به.

٦. يساهم في النمو الاجتماعي والعقلي والعاطفي له.

٧. يتعلم عن طريقه التركيز والانتباه والملاحظة الدقيقة.

٨. يساهم في تنمية الذوق الفني لديه من خلال الموسيقى والألوان الجميلة.

٩. يساعده في التعرف على الشخصيات الأدبية والتاريخية والعلمية والدينية والسياسية من خلال قصص البطولات والمشاهير التي يطالعها.

١٠. يصقل شخصيته ويجعله انساناً متميزاً نظراً لمطالعته أشياء ومواضيع كثيرة عدا المادة الدراسية المقررة في المدارس.

١١. يعمل على خلق الاتجاهات الاجتماعية السليمة لديه، ويعرفه بالعادات والتقاليد الواجب اتباعها في مختلف الظروف والمناسبات ويساهم في انتمائه للمجتمع الذي يعيش فيه.

ويعد أدب الأطفال مهماً للمجتمع بشكل عام، لأنه يقدم أعمالاً أدبية تعبر عن كفاءة فنية، يصورها جمال الأسلوب وسمو الفكرة، وتعمل على التأثير في الطفل وتغييره للأفضل، وعملية التغيير هذه هي رسالة الأدب وغاية التربية.

وحيث أن المجتمع هو أصلاً عبارة عن مجموعات الأفراد كباراً وصغاراً، وإن أطفال اليوم هم أمل المستقبل وشباب الغد، وبسواعدهم القوية، وبفكرهم المنير ينمو المجتمع ويزدهر، وهم مصدر الأمن والاستقرار.

أهداف أدب الأطفال المعرفية والوجدانية

إن تزايد نسبة الأطفال الى جملة السكان، هي سمة تميز المجتمعات النامية، وتعود هذه الزيادة الى التحسن المستمر في الاحوال الصحية والمعيشية وانخفاض معدلات الوفيات في أطفال المجتمع.

وقد أصبحت الطفولة في الوقت الحاضر مهمة لذاتها، فهي أهم مرحلة في بناء شخصية الطفل، هذا الطفل الذي هو أمل العالم ورجل المستقبل، وكل خبرة تمر به في الطفولة لا بد أن تؤثر به كبيراً، ويعتبر أدب الأطفال من أهم خبرات هذه المرحلة، وبناء عليه، فهو يدخل في صنع الطفل وفي بناء شخصيته، والطفل في أثناء نموه يبدأ بالتعرف على الحياة، وأدب الأطفال هو أقوى سبيل يعرف

الأطفال بالحياة, بأبعادها الماضية والحاضرة والمستقبلية، ولأن عقل الطفل ونمائه يحتاج الى التنويع في الخبرات، جاء أدب الأطفال بأنواعه المختلفة المتنوعة ليغذي عقله وخياله، وليكون وسيلة من وسائل التثقيف وسبيلاً لتكوين العواطف السليمة الصادقة الوطنية والدينية، وأسلوباً لمعرفة الصواب من الخطأ، ولبناء اتجاهات سليمة وقيم ايجابية, ولهذا يعتبر ادب الأطفال دعامة أساسية في بناء ونماء الطفل وتعديل سلوكه.

ويمكن تلخيص أهداف أدب الأطفال المعرفية والوجدانية فيما يلي:

١. تعليم الطفل اشياء جديدة، ومساعدته على فهم معنى الحياة والتكيف معها والاندماج فيها.

٢. تنمية التفكير والذاكرة لديه، والقدرة على ربط السبب بالنتيجة.

٣. تخليص الطفل من بعض الممارسات السلبية والانفعالات الضارة كالعدوان.....

٤. تنمية القدرة على تقدير الفن والاستمتاع بالأدب وجماله.

٥. تنمية القدرة على التخيل والتركيز والاسترخاء والاصغاء.

٦. تنمية الموهبة والابداع لديه، واكتساب التجربة الفنية.

٧. معرفة وتطوير النظم السياسية، والتقاليد الاجتماعية، والعواطف الدينية والاجتماعية وصقلها وتعديلها لنمو السلوك الحميد.

٨. تنمية روح النقد لدى الطفل، والقدرة على التمييز بين الجيد والرديء، والصواب والخطأ، والممكن وغير الممكن.

خصائص أدب الأطفال

ان الشيء الذي ينفرد به أدب الأطفال هو الجمهور، وعلينا في مضمون أدب الاطفال، أن نضع تجارب الطفل وخبراته، وتعرض المشكلات الرئيسية في حياة الانسان بطريقة خاصة، بدون تفصيلات مفزعة بشعة، وأولى بالطفل ان يكتشف هذه المشكلات بالطريقة الخاصة في أدبه قبل ان يتجه إلى ادب الكبار.

ومن الخطأ ان يتخيل أحد ان مادة الأطفال منفصلة عن أدب الكبار، أو أنها قد نشأت منعزلة عن التيار الأدبي العام او أنها تقوم أو تقاس بمقاييس تختلف عن مقاييس ادب الكبار، سواء كان الكاتب معنياً بالمشكلات الاجتماعية او المغامرات او المعلومات، أو العواطف الوطنية او الدينية او غيرها.

وخلاصة القول، أن الأدب في ماهيته ورسالته ينطبق على أي أدب كان، مهما كانت الجهة التي يوجه إليها، فالأدب لا يعرف الحدود الفاصلة بالنسبة لمن يتوجه لهم، والنص الأدبي لا يتسامح في شروطه الفنية، ويستطيع السامع او القارئ ان يدرك ما يتمتع به النص من جمال مهما كان المستوى الذي يخاطبه، والتمييز بين أدب الكبار وأدب الصغار لا ينبع من تفاوت في المستوى الفني، ولكنه ينبع من تفاوت في المستويين اللغوي والأسلوبي وكيفية التعبير عن القضايا الحياتية.

ولما كان أدب الأطفال اقل كفاءة عموماً في مستوى القدرة العقلية على التذوق، وكذلك في مستوى الخبرات، فإنه من الواجب على الكُتّاب أن يأخذوا بعين الاعتبار الأمور التالية:

١. ان يتمتع أدب الأطفال بخصائص لغوية تتمتع بالوضوح وبعيدة عن التعقيد او الاساليب الطويلة الملتوية.

٢. ان يشتمل ادب الاطفال على خصائص فكرية تقوم في معظمها على الخيال العلمي.

٣. ان يبتعد ادب الاطفال قدر الامكان عن أدب التجريد ويلجأ للمحسوس.

٤. ان يتمتع النص الأدبي بالكفاءة الفنية المتمثلة في جمال الأسلوب وسمو الفكرة، فكون هذا الأدب موجهاً للأطفال الصغار، فإن ذلك لا يحول دون الالتزام بقواعد الكتابة الفنية، وكثيرا ما نجد أعمالاً أدبية وضعت للصغار أصلاً، يقبل عليها الكبار بشوق وشغف.

٥. ان نقدم للأطفال جميع أنواع الأدب، بحيث نعبر لهم عن خبرات الحياة بأسلوب جيد ولغة مناسبة لعمرهم الزمني ومستوى ادراكهم.

٦. توفير الخفة في أسلوب أدب الأطفال، وأن يكون خالياً من كل ما يؤدي الى الخوف او الفزع.

٧. توسيع الخيال العلمي في أدب الأطفال من خلال تقديم أنواع مختلفة من الأدب وخبرات الحياة المختلفة في كافة المجالات، وأن نتطرق الى كل ما يهم الطفل في حاضره ومستقبله وأن نبحث عن سعادة الطفل في كل ما نكتب.

أنواع أدب الأطفال

١. القصة وأنواعها:

ان القصة هي فن أدبي يهدف الى كشف او غرس مجموعة من الصفات والقيم والمبادئ بواسطة الكلمة المنثورة التي تتناول حادثة او مجموعة من الحوادث، والتي تنظم في اطار فني من التدرج والبناء، ويقوم بها شخصيات بشرية او غير بشرية، وتدور في اطار زماني ومكاني محددين ومصاغه بأدب فني راقي يتنوع بين السرد والحوار.

وتعتبر القصة أكثر شيوعاً في أدب الاطفال، فهي تحتل المرتبة الأولى في آداب الاطفال، وكل يميل إليها كبيراً وصغيراً، وهي وسيلة من وسائل نشر الثقافات والمعارف الانسانية والعلوم والفلسفة....

وعند اختيار ما يناسب قصص الأطفال من أفكار يجب الرجوع لمراحل نموهم وخبراتهم، فالفكرة التي تناسب طفل الثالثة قد لا تناسب طفل العاشرة.

وتتكون القصة من عناصر رئيسية هي:

أ. الفكرة الرئيسية.

ب. البناء والحبكة.

ج. الشخصيات.

د. أسلوب السرد (أسلوب كتابة القصة).

ه. الزمان والمكان.

و. المغزى.

ز. الحل (النهاية).

ومن أنواع القصص الشائعة للأطفال ما يلي:

١. قصص الجن والسحرة: وهي تشمل القصص التي تحدث فيها الخوارق أو الأمور الغريبة، كأن يكون فيها جنيات او عمالقة او اقزام، وهي تمتاز بالخيال المطلق والتحرر من المعقول، وهذه القصص تناسب مرحلة الطفولة المبكرة.

٢. قصص الأساطير: وهي الحكايات التي يفسر بها الانسان الأول ظاهرة طبيعية او القصص التي تختص بالآلهة وأفعالها بوصفها القوى الغيبية التي تسيطر على الظواهر الكونية وتنظمها.

ومن الأساطير المشهورة التي يطرب ويسعد لسماعها الأطفال: حرب طروادة وسيف بن ذي يزن، والزير سالم، وعنترة بن شداد....

٣. قصص الحيوان: وهي القصص التي يكون فيها الحيوان هو الشخصية الرئيسية, وهي من أقدم أشكال الحكايات التي عرفها الانسان، وقصص الحيوان ذات هدف أخلاقي بالإضافة الى انها تسلي الطفل وتسعده، وهي تناسب الطفل من سن الثالثة حتى الخامسة، ومن أبرز هذه القصص ما ورد في كتاب "كليلة ودمنة".

٤. القصص الشعبية: وهي القصص التي ينسجها الخيال الشعبي حول حدث تاريخي او بطل من الابطال، وهي من أسهل أنواع القصص التي تسرد من أجل التسلية والترفيه للكبار والصغار.

٥. القصص العلمية: وتهدف هذه القصص الى اثارة الاهتمام بالعلم والعلماء، وزيادة ثقافة الاطفال وعن طريقها يستطيع المدرسون توظيف القصص لتنمية مدارك الأطفال وزيادة معلوماتهم عن الطبيعة والآخرين.

٦. القصص التاريخية والبطولية: إن هذه القصص تنمي الروح الوطنية لدى الاطفال، وتقوي الاحساس بالقرابة والاشتراك بالدم، وهذه الخاصية هي التي تجعل القصص التاريخية واسطة في تربية الشعور القومي والكرامة الوطنية عند الاطفال.

وقصص البطولات الوطنية والدينية تحكى للأطفال لتوقظ لديهم الشعور بالتقدير والرغبة في التقليد، وتجعله يعتز بقومه، كما انها تقوي الصلة بينه وبين وطنه، وتذكي الرغبة في حب الوطن حين يتجاوز مرحلة الطفولة الى مرحلة الشباب.

٧. القصص الفكاهية: ان عصر التوتر والقلق الذي يعيشه الأطفال هذه الأيام يجعلهم بحاجة الى القصة المرحة التي تدخل البهجة والسرور الى نفوسهم البرئية، ومن المهم ان نبحث عن القصص المضحكة ونقدمها للأطفال بشرط ان لا تسىء لأحد وأن لا تكون على حساب الآخرين.

٨. قصص المغامرات: ان فضول الاطفال يدفعهم الى استكشاف كل ما هو غريب وغامض، وإن كانوا غير قادرين على خوض المغامرات، إلا أنهم يستمتعون بها من خلال القصص، وهذه القصص يجب أن تكون في حدود قدراتهم، حتى تكون قادرة على جذب انتباههم وتشويقهم، ومن أفضل هذه القصص "رحلات السندباد" و "رحلات ابن بطوطة".

٩. القصص الواقعية: وهي قصص مستمدة من الحياة الواقعية اليومية، وقد يضفي عليها الكاتب بعض الحوادث البسيطة التي تتطلبها المعالجة الفنية، كما يجب ان تكون مناسبة لعمر الاطفال ولمستواه النمائي والادراكي.

وقد تجمع القصة بين نوعين او اكثر، فتكون القصة واقعية فكاهية، أو مغامرات تاريخية وطنية.....

٢. الأغاني والاشعار:

تعد الاغاني والاشعار ذات أثر كبير في حياة الطفل تسعده وتدخل البهجة والسرور في نفسة، ومن خلالها يتعلم أشياء كثيرة من المعلومات والقيمة والاتجاهات.

ويمكن تعريف الاغاني بأنها قطع شعرية سهلة في طريقة نظمها وفي مضامينها، تنظم على وزن مخصوص وتصلح لتؤدى فردياً أوجماعياً.

أما الشعر، فهو فن جميل فيه احساس وفطنة، وفيه شعور ووجدان، وإذا كان النثر تفكيراً فإن الشعر انفعال ويثير فينا احاسيس جمالية فريدة.

خصائص أغاني الأطفال:

عند اختيار اغاني الاطفال ينبغي مراعاة الامور التالية:

١. أن تكون هذه الاغاني ملائمة لقدرات الاطفال الصوتية وطاقاتهم التعبيرية.

٢. ان تستوحى ألفاظها ومضامينها من عالم الطفل، كوالديه واخوته والحيوانات والطيور المألوفة لديه.

٣. ان تكون كلماتها سهلة مناسبة لقاموس الطفل اللغوي، متنوعة وتحتوي على مضامين تربوية هادفة، ويفضل ان تكون على لسان الطفل نفسه مثل: أبي، امي، قطتي، لعبتي، مدرستي، وطني....

٤. ان يتميز ايقاعها بالسهولة واليسر، وأن تتوافق كلماتها مع ايقاعها بالبساطة والسلاسة والسهولة.

٥. يشترط عند تقطيع الكلمات تقطيعاً عروضياً موسيقياً، أن يأخذ المقطع الواحد فترة مساوية له في الزمن، فكلمة عادل، يكون تقطيعها (عا د ل) بحيث يحول هذا الى ما يقابله ايقاعاً، وهذا يختلف عن تقطيع كلمة (جميلة)، ويختلف عنها في الايقاع كذلك.

٦. أن يتسم لحن الاغاني بالبساطة والسهولة، وأن تكون القفزات اللحنية ملائمة لقدرات الاطفال الصوتية.

٧. يستحسن ان يصاحب غناء الاطفال آلات موسيقية بشرط ان تكون مناسبة لطابع الاغنية.

خصائص أشعار الاطفال:

ان الشعر الذي يكتب للأطفال يجب ان ينال اعجاب الصغار مباشرة دون ما واسطة، وينبغي ان يتميز بما يلي:

١. ان تكون لغته شاعرية ومفهومة.

٢. ان يكون هذا الشعر ذا هدف ومغزى للأطفال.

٣. يستحسن ان يكون ذا قافية واحدة (كالشعر العربي التقليدي)، لأن وحدة القافية تتميز بموسيقى معينة تساعد الاطفال على الأداء.

٤. يجب الابتعاد في شعر الأطفال عن الحزن والرثاء والمرارة.

٥. تلبي حاجاتهم الجسمية والعاطفية ومستمدة من أدب الاطفال.

٦. ان يحتوي على الخيالات والصور القائمة على البصر واللمس والسمع والشم والتذوق.

٧. ان يكون ملائماً من حيث الموضوع والمزاج والحالة النفسية لعمر الاطفال ونضجهم الادراكي.

٣. كتب الأطفال:

يعتبر الكتاب الوسيط الاول بين الادب والاطفال، فكتب الاطفال الاولى تضع لهم خطواتهم على طريق معرفة الناس، كما أنها تفتح أذهانهم على الخير والشر، فتنمو مقدرتهم على اتخاذ المواقف والقرارات الصائبة، ويعتاد الاطفال من خلال الكتب على الكلمة المطبوعة التي تفتح امامهم عوالم الصور، فتنمو حواسهم ومداركهم وخيالهم، وتتطور ملكة تفكيرهم وأحاسيسهم ومشاعرهم.

كما أن الكتب تعمل على تأمين الارتباط المستمر بين نمو الطفل الجسدي ونمو تفكيره، وعلى تغذية الصفات الانسانية النبيلة في نفسه، وتمكينه من تذوق الجمال وتقييمه وتعريفه الى كثير من المعارف والقيم بالإضافة الى ادخال البهجة والسعادة الى قلبه.

أنواع كتب الأطفال

١. الكتب المدرسية: وهي الكتب المقررة في المدارس، وهي تحتوي على مضامين اخلاقية ودينية واجتماعية وتكمن اهميتها في قدرتها على التأثير في عدد كبير من الاطفال الذين يستعملونها في آن واحد.

٢. الكتب القصصية: وهي الكتب التي تتضمن قصة او مجموعة من القصص سواء كانت قصصاً بوليسية ام تاريخية، أم علمية، ام اجتماعية، ام دينية.... الخ.

٣. الكتب العلمية: وتهدف الى ايصال الافكار العلمية للأطفال والاجابة عن تساؤلاتهم في مجال العلوم، وقد تكون هذه الكتب على شكل قصة او سؤال و جواب او على شكل رواية قصيرة عن رحلة او مغامرة الى البحر او المحيط، أو في الفضاء بين الكواكب والنجوم والمجرات.....

٤. الكتب الدينية: وتسعى هذه الكتب الى تبسيط المعلومات الدينية للأطفال وزرع الوازع الديني في نفوسهم وحب الخير للناس ومساعدة الآخرين، وتستعين هذه الكتب عادة بسرد قصص الانبياء والوقائع والمثل العليا والحكم الدينية والتي تقدم بشكل أدبي سليم بحيث تبتعد عن سرد القصص التي تثير الخوف والرعب في نفوس الاطفال كقصص الاولياء والجن.....

٥. كتب الشعر والاغاني والاناشيد: أن تكون هذه الكتب بسيطة وهادفة، وأن تكون أغانيها عذبة وسهلة الحفظ، ومحببة الى النفس يمكن تكرارها والتغني بها في الصف والساحة والباص والبيت.... وبحيث تعكس الأخلاق والقيم والعادات الحميدة وحب الخير......

٦. كتب الحوليات ودوائر المعارف والمعاجم المصورة، وكتب الرحلات.

٧. الكتب التاريخية وكتب المشاهير.

ومن جانب اخر تقسم كتب الاطفال وفقاً لمراحل نموهم بحيث تتوافق هذه الكتب من ناحية أسلوبها ومعلوماتها وأفكارها مع المراحل النمائية والعمرية للأطفال بحيث لا تكون هذه المعلومات فوق مستوى فهمهم أو إدراكهم.

ويمكن أن تقسم كتب الاطفال وفقاً للمرحلة العمرية كما يلي:

١. الطفولة المبكرة: من عمر (٢-٦) سنوات، والكتب في هذه المرحلة تعتمد على الصور والرسوم وتتطرق الى الخيال الايهامي، لانها تقدم الى اطفال لم يتعلموا القراءة والكتابة بعد، بحيث تزين بالصور الجميلة الملونة المحببة للأطفال والتي توصل فكرة او قصة قصيرة يفهمها الأطفال.

٢. الطفولة المتوسطة: من عمر (٦-٨) سنوات، وتعتمد القصص التي تتطرق الى الخيال الحر.

٣. مرحلة الطفولة المتأخرة: من عمر (٨-١٢) سنة وتعتمد قصص المغامرة والبطولة.

٤. مرحلة المراهقة: من عمر (١٢-١٨) سنة، وتعتمد قصص التفكير المجرد.

٥. مرحلة الرشد: وتعتمد قصص المثل العليا.

مما سبق علينا ان نتوخى الدقة والحرص في اختيار انواع الكتب والقصص لاطفالنا بما يتناسب مع مستواهم العمري والنفسي والبيئي والاداركي، وعلينا ان لا نستهين بكتب الاطفال الصغار، لانها تنمي لديهم الفكر والاحساس والاتجاهات السليمة، وتفتح لهم آفاقاً واسعة من المعرفة وتشعرهم بالمتعة والجمال والسعادة....

والواقع فإن الكتب الجيدة تعمل على نمو الاطفال جسمياً وعقلياً وانفعالياً واجتماعياً، وتربط حاضرهم بماضيهم، وتعدهم ليكونوا بناة الامة وحماة الوطن.

كيفية اختيار كتب الاطفال

لا شك ان اختيار كتب الاطفال وتوجيههم الى ما يقرؤون موكولاً الى الكبار من آباء وأمهات ومعلمين وأمناء مكتبات...، لذا فلا بد أن يكون لهؤلاء خبرة بكتب الاطفال، ومعرفة جيدة بالكتب التي تصلح والتي لا تصلح لاطفالنا ومجتمعنا واخلاقنا، وحتى يميزوا لهم الخبيث من الطيب، لان مجرد اختيار الكتاب للطفل ينمي فيه جانب الخير او يحطمه.

لذا يجب ان يختار الكبار المضمون الجيد للاطفال، وأن ترتبط عملية اختيار كتب الاطفال بمعايير الكتب الجيدة بحيث ان تكون الكتب المقدمة للأطفال جيدة شكلاً ومضموناً.

١. <u>من حيث الشكل:</u> يجب ان نختار لأطفالنا الكتاب الجميل المتين ذا المظهر الجذاب والحجم المناسب، واللون والرسوم، ونوع الورق وحروف الطباعة، وأحسنها ما كان زاهي اللون، متوسط الحجم، وتشكل الصور جانباً هاماً من جاذبية الكتاب، لذلك يجب ان تكون الصور واضحة ومعبرة وأن تكون الحروف كبيرة وواضحة مع تجنب السطور المتقاربة.

٢. <u>من حيث المضمون:</u> يجب ان تختار الكتاب الذي يتضمن أفكاراً سامية وأخيلة متعددة، من خلال لغة سليمة وأسلوب سهل، وسرد جميل ومشوق، يدخل البهجة الى النفوس، وان نختار كتباً تتناول موضوعات متعددة، ونبتعد عن الكتب التي تدور حول العنف والقسوة البالغة والجريمة، وعلينا ان نختار الكتب التي تراعي ظروف أطفالنا ومستواهم الفعلي الخاص بهم والتي تتناسب مع بيئتنا واخلاقنا وديننا.

<u>وسائل تشجيع أدب الأطفال في البيت والمدرسة:</u>

يعتبر ادب الاطفال من أهم وسائل التنشئة الاجتماعية التي تستخدمها الاسرة والمدرسة لتنمية الطفل من جميع النواحي.

<u>أولاً: وسائل تشجيع أدب الطفل في البيت:</u>

إن البيت هو اول مكان يعيش فيه الطفل محاطاً بكل انواع الرعاية التي تقدمها له الاسرة، لذا فإن الاسرة هي اول جماعة اولية يتلقى الطفل فيها أساليب التنشئة الاجتماعية، ويتعلم المعايير والمثل العليا في جو تسوده الألفة والمحبة والدفء والتواصل.

<u>وتستطيع الاسرة تشجيع أدب الطفل في البيت باستخدام الوسائل التالية:</u>

١. اشعار الطفل بصدق ودفء المشاعر الاسرية من خلال اشعار الطفل بالامن والامان والمحبة من خلال سرد القصص للأطفال بأسلوب درامي مشوق وبأوضاع مختلفة.

٢. تشجيع الاطفال على المطالعة.

٣. عمل مكتبة في البيت وتخصيص جانب منها للطفل ليضع فيها كتبه، وتشجيعه على توفير جزء من مصروفه من أجل شراء الكتب.

٤. اصطحاب اطفال الاسرة الى مكتبات الاطفال لان ذلك يعزز حبهم للمطالعة.

٥. اصطحاب الاطفال او السماح لهم بزيارة معارض الكتب واختيار بعض الكتب التي يرغبون فيها.

٦. توجيه الاطفال لمشاهدة البرامج الهادفة في التلفزيون والاستماع الى بعض برامج الاذاعة.

٧. تعليم الاطفال الاغاني والاناشيد الهادفة.

أما بالنسبة لطفل ما قبل المدرسة، فتستطيع الام ان تحبب الطفل بالكتاب وتجذبه اليه من خلال القراءة الجهرية له، وشراء الكتب التي تحتوي على الصور فقط ومساعدة الطفل على تجميع هذه الصور لتشكل بمجموعها قصة قصيرة هادفة يحكيها الطفل بلغته الخاصة دون تدخل او مقاطعة لحديثه.

<u>ثانياً: وسائل تشجيع ادب الطفل في المدرسة:</u>

ان المدرسة مؤسسة تربوية هامة، ووحدة اجتماعية مسؤولة عن بناء شخصية الفرد الاجتماعية، إذْ بواسطتها يتعلم الطفل كيف يعيش ويتعاون مع الآخرين، وهي تربي الطفل وتنقل التراث الاجتماعي والثقافي، وتوفر الظروف المناسبة لنمو الطفل المتكامل، وتتعاون مع الاسرة والمؤسسات الاجتماعية الاخرى في ذلك.

ويمكن للمدرسة ان تشجع ادب الأطفال عن طريق الاتي:

١. توفير مكتبة مدرسية تحتوي كتباً عديدة للأطفال في موضوعات مختلفة، علمية، خيالية، تاريخية، مغامرات، أغاني، أشعار......، وأن يكون اثاثها مريحاً ومناسباً للاطفال، وأن تشرف عليها أمينة مكتبة مؤهلة ومحبة للأطفال حتى تكون قادرة على فهمهم وتلبية حاجاتهم وميولهم.

٢. تشجيع المطالعة عن طريق اقامة المسابقات المختلفة بين الطلاب يختار فيها المعلم اوائل المطالعين ويشجعهم ويكافئهم.

٣. توفير مسرح خاص لانشطة الاطفال المسرحية او لعرض مسرحية لهم وانشاء مسرح للعرائس وتدريب وتشجيع الاطفال على صناعة الدمى والالعاب.

٤. تشجيع الاطفال على كتابة القصص والدراما الخلاقة، وتخصيص وقت كاف لتدريب الاطفال على هذه الدراما في المدرسة.

٥. زيارة المكتبات العامة والخاصة ومعارض الكتب وتعريف الطلاب بأهمية هذه المؤسسات.

٦. تشجيع وتدريب الاطفال على حفظ الاغاني والاناشيد وتشجيع ادائها غناءً وتمثيلاً من خلال الاذاعة المدرسية وفي المناسبات الوطنية والدينية المختلفة.

٧. الاهتمام بالاذاعة المدرسية والتفلزيون المدرسي لانهما من أفضل الوسائل التعليمية التي تساعد على تنمية الجانب العقلي والمعرفي للطفل. كما ينبغي الاهتمام ببرامج الاطفال الهادفة واستخدام الوسائل التعليمية المناسبة.

٨. تدريب الاطفال على القاء الخطب والقصائد وتشجيعهم على الرسم والموسيقى وعمل مناظرات شعرية ومجلات حائط.

٩. تقديم الكتب كهدايا وجوائز للطلاب والاطفال المتفوقين والموهوبين.

مما سبق نستنتج ان حب الكبار للأدب ينعكس ايجاباً على الصغار ويرغبهم في القراءة ويشوقهم الى التزود من الادب. كما أن اتصال المدرسة بالبيت عبر اجتماع مجالس الاباء، والامهات بالمدرسة، يتيح الفرصة لأولياء الامور والمربين لمعرفة طبيعة الطفل والدراية بأساليب تنميته نمواً متكاملاً لصقل شخصيته وتنميتها.

١١

الفصل الحادي عشر

الأطفال الموهوبين

مفهوم الموهبة

خصائص الموهوبين

اكتشاف الموهوبين

مفهوم الموهبة: Giftedness

لقد استخدم مفهوم الموهبة ليدل على مستوى عالٍ من القدرة على التفكير والأداء، وقد ظهرت اختلافات بين الباحثين حول الحد الفاصل بين الموهوب والعادي من الأطفال من حيث الذكاء.

فالموهوبين هم الذين يزيد معدل ذكائهم عن ١٢٥ أو ١٣٠، وغالباً ما يكون ذكائهم ما بين ١٥٠-١٨٠، وأعلى من ذلك، وتكون نسبتهم ما بين ٢%-٧% من مجموع الأطفال.

وهذه المجموعة من الأطفال المتفوقين والموهوبين تحتاج الى رعاية خاصة وعناية فائقة لمواجهة الحاجات الخاصة بهم لكي يعطوا أحسن ما عندهم ويفيدوا أنفسهم وعائلاتهم ومجتمعهم ووطنهم بما وهبهم الله من القدرة العقلية الفائقة والقدرات القيادية التي يتمتعون بها، وقد يتحول الطفل الموهوب الى طفل منحرف اذا لم يجد العناية والرعاية والتوجيه الصحيح، والمجال المناسب لإظهار موهبته وإبداعاته، فيما يوفر له من منهاج وأنشطة خاصة وبيئة صالحة لصقل ورعاية وتوجيه هذه الموهبة.

والطفل الموهوب في نظر المعلم ومدير المدرسة، هو ذلك الطفل البارز بسبب ما يؤديه من واجبات مدرسته بتفوق، واحترامه وتقيده بتنفيذ التعليمات الخاصة بصفه ومدرسته، ومشاركته الجادة التي تدور في حصة الدرس، وقيامه بواجباته على خير وجه.

ويرى بعض المدرسين في الطفل الموهوب صفات الألمعية التي تبرز في التفكير، وحساسية دقيقة تظهر بوضوح في الأسئلة التي توجه اليه.

ويرى البعض أن الأطفال الموهوبين هم الذين يتمتعون بقدرة خاصة في الفن أو الموسيقى، أو فيما يتعلق بالمهارات الميكانيكية.

أما التعريف الشائع حالياً فهو تعريف العالم التربوي (وتي witty)، وهو أن الطفل الموهوب هو الطفل الذي يبدي بشكل ظاهر قدرة واضحة وجانب من

جوانب النشاط الإنساني، بالإضافة الى صفات أخرى كالأصالة والطموح والباعث الداخلي.

لذا فالموهبة قد استخدمت لتدل على مستوى عالٍ من القدرة على التفكير والأداء في مجالات مختلفة ومتعددة، وقد انتشرت بين علماء النفس والتربية آراء تنادي بأن المواهب لا تقتصر على جوانب بعينها دائماً, بل قد تمتد الى جميع مجالات الحياة المختلفة، وإنها تتكون بفعل الظروف البيئية التي تقوم بتوجيه الفرد الى استثمار ما لديه من ذكاء في هذه المجالات، فإذا كان الفرد ذا ذكاء مرتفع, فإنه قد يصل الى مستوى اداء مرتفع وبذلك يصبح صاحب موهبة في هذا المجال سواء أكان علمياً,أدبياً, فنياً أم غيرها من المجالات.

ومن التعاريف المشهورة للموهوب، ما اوردته الجمعية الامريكية القومية للدراسات التربوية, حيث ذكرت ان الطفل الموهوب "هو من يظهر امتيازاً مستمراً في ادائه في اي مجال له قيمة".

خصائص الموهوبين

لقد اهتم الباحثون بدراسة الخصائص التي تميز الموهوبين, ومن أبرزها الدراسات التي قام بها كل من "لويس ترمان" و"ليناهو لنجورت" في الولايات المتحدة الاميريكة، أما نقطة التحول الحقيقية هي التي قام بها عالم النفس الامريكي "جيلفورد Guilford" والذي يعتبر من رواد هذا النهج الحديث.

وسوف نعرض فيما يلي بعض خصائص الموهوبين الهامة في محاولة لإلقاء الضوء على هذه الجوانب:

أولاً: الخصائص الجسمية:

لقد اظهرت الدراسات المختلفة لعلماء النفس ان مستوى النمو الجسمي والصحة العامة لهذه الفئة يفوق بل وأفضل من المستوى العادي، فهم أكثر حيوية وأوفر صحة من غيرهم من الاطفال العاديين, ولكن هذا لا يعني انه لايوجد من بينهم من هو اقل حظاً في نموه الجسمي.

ان الموهوبين باستطاعتهم بشكل عام المشي والتكلم في سن أبكر مما هو عند ا لاطفال العاديين, وهم اقل عرضة للاعاقات البدنية والعضوية كالسمع والبصر، وبشكل عام فان الاطفال الموهوبين يتميزون عن غيرهم بمجموعة من الصفات أهمها:

١. أكبر وزناً وأكثر طولا, ووزنه اكبر بالنسبة لطوله.

٢. اقوى جسماً وصحة, ويتغذي جيداً.

٣. خالياً نسبياً من الاضطرابات العصبية.

٤. متقدماً قليلاً في نمو عظامه.

٥. يتم نضجه مبكراً بالنسبة لسنه.

ثانياً: الخصائص العقلية:

ان اهم ما يميز الشخص الموهوب عن غيره من الاشخاص العاديين يكمن في خصائصه العقلية، فالعمر العقلي للطفل الموهوب أكبر من عمره الزمني، في حين ان العمر العقلي للطفل العادي يساوي تقريباً عمره الزمني.

ويتميز هؤلاء الاطفال الموهوبون عن غيرهم بنموهم اللغوي فهم اسرع في اكتسابهم اللغة عن غيرهم من الاطفال العاديين، وقد أشارت الدراسات والابحاث التي أجريت على الموهوبين فيما يتصل بنموهم في القراءة الى النواحي الهامة التالية:

١. السن المبكرة التي يتعلمون فيها القراءة.

٢. ميلهم غير العادي الى القراءة.

٣. نضجهم المبكر في قراءة كتب الكبار.

٤. قراءتهم التوسعية في مجالات خاصة.

٥. قدرة فائقة على التذكر والتفكير المجرد والتفكير المنطقي، والقدرة على استخدام القواعد العلمية وتطبيقها والاستفادة من المعلومات التي يحصلون عليها.

٦. قدرة حسابية ممتازة، ومتفوقون في القدرة على التفكير الإبتكاري وإنتاج افكار جديدة او اصيلة.

٧. محبتهم للدروس العلمية ونفورهم من الحفظ الأصم, ومحبون للاستطلاع.

٨. متفوقون في تحصيلهم الدراسي.

كما يمكن إجمال ما يتميز به الطفل الموهوب في مجال علاقاته مع الاطفال بما يلي:

١. قدرته الفائقة على الاستدلال والتعميم والتجربة، وفهم المعاني والتفكير المنطقي وإدراك العلاقات.

٢. اتقان وانجاز الاعمال العقلية الصعبة بقوة خارقة.

٣. يتعلم بسهولة وبأقصى سرعة.

٤. محب للاستطلاع في النواحي الثقافية والفكرية.

٥. لديه ميول واسعة المدى في مجالات مختلفة.

٦. قدرته على انجاز بعض الاعمال بمفرده.

٧. تعدد ميولهم، فغالباً لا تنحصر ميولهم في مجال واحد.

ثالثاً: الخصائص الانفعالية والاجتماعية:

يتميز الموهوبون في سماتهم الانفعالية وقدرتهم على تكوين علاقات اجتماعية مع غيرهم والتواؤم مع الجماعات التي يعيشون فيها، كما أنهم أكثر شعبية بين الاطفال، كما انهم يفوقون غيرهم من الاطفال في التكيف مع البيئة التي يعيشون فيها او يتواجدون فيها, وميلهم القوي لضبط النفس وتحمل المسؤولية.

ويمكن اجمال ما يتميز به الطفل الموهوب في مجال الخصائص الانفعالية والاجتماعية ما يلي:

١. يتمتع بصفات سامية مرغوب فيها، مثل دماثة الخلق, متعاون, مطيع، يتقبل التوجيهات برضا، أكثر قدرة على الانسجام مع الاخرين.

٢. له قدرة فائقة في نقده لنفسه.

٣. أقل رغبة من غيره في التباهي واستعراض معلوماته.

٤. واثق من نفسه, يقاوم الغش والخداع.

٥. يتحمل المسؤولية، ولديه القدرة على القيادة.

٦. يميل الى تفضيل انواع من العاب من هم اكبر سناً منه (بسنتين او ثلاثة).

٧. يفضل الالعاب التي تخضع لقوانين وقواعد خاصة والالعاب التي تتطلب التفكير.

٨. يفضلون اللعب مع اطفال اكبر منهم سناً.

ويجب ان لا يغيب عن البال ان هذا الطفل الموهوب بحاجة الى فهمه جيداً من الاخرين وتقبل لحالته، فإذا لم يجد عملاً او مجالاً يستثيره ويتحدى ذكائه، فإنه يجد صعوبة في التوافق مع البيئة والمدرسة، لذا فإننا نحن الآباء والمربين بحاجة الى سبر غور هؤلاء الاطفال الموهوبين ووضع الخطط والبرامج الخاصة بهم, حتى يتسنى لنا تربيتهم بطريقة ناجحة بالاعتماد على مناهج تنمي قدراتهم وتلبي احتياجاتهم وتثير فيهم مهارات التفكير لديهم بأنواعه الابداعي والنقدي والمنطقي وكيفية حل المشكلات.

اكتشاف الموهوبين

هناك عدة طرق للكشف عن الموهوبين نورد أهمها:

١. التحصيل الدراسي:

ان المدرسة والاسرة لقادرة على الحكم على أداء الاعمال المتعلقة بتحصيل الطلبة الموهوبين والى الكشف عن اولئك الذين يتميزون بقدرة عقلية عامة ممتازة ساعدتهم على الوصول في تحصيلهم الاكاديمي الى مستوى مرتفع, فقد دلت الدراسات والبحوث التربوية المختلفة على ان الاطفال الموهوبين يتفوقون بصفة عامة عن الاطفال ذوي الذكاء العادي في الاختبارات التحصيلية.

وليس كل المدرسين بقادرين على الحكم على تلاميذهم والوقوف على الموهوبين منهم، ولكن اذا استخدم المدرس وسائل الكشف المختلفة عن القدرات وتابع الملاحظة الدقيقة الواعية، فإنه يستطيع الوقوف على القدرات التعليمية والتحصيلية لدى تلاميذه.

٢. ان العلامات والدرجات العالية في القراءة والكتابة والفهم والحصيلة اللغوية والحساب وحل المشكلات وغير ذلك...، مؤشرات ووسائل ذات قيمة كبيرة في التعرف على الاطفال ذوي القدرات العالية.

٣. الملاحظة الناقدة، ونتائج الاختبارات الجماعية تساعدان في الكشف وفي معرفة الطلبة ذوي القدرات العقلية العالية والذين يشكلون ما بين ١٥-٢٠% من الاطفال بصورة عامة.

٤. اختبارات الذكاء: لقد قام علماء النفس بوضع اختبارات خاصة لقياس ذكاء الاطفال, وهذه الاختبارات التقليدية تعطينا نسبة الذكاء العام, وهي عبارة عن رقم يدل على العلاقة بين العمر العقلي للطفل وعمره الزمني.

فالطفل الذي يبلغ من العمر عشر سنوات، ويستطيع ان يجيب عنها اي طفل اخر في نفس السن، يعتبر عمره العقلي عشر سنوات اي ان عمره العقلي هو نفس عمره الزمني ونعتبره طفلاً متوسط الذكاء.

أما اذا كان الطفل يستطيع ان يجيب عن الاسئلة التي يستطيع ان يجيب عنها طفل اخر متوسط عمره ١٢ سنة فإن عمره العقلي يصبح ١٢ سنة رغم ان عمره الزمني الفعلي هو ١٠ سنوات فقط.

ولكن كيف نحدد نسبة ذكاء اي طفل، إذْ لابد اولاً من اعطائه اختبار ذكاء لتحديد عمره العقلي ومعرفة مستوى الاسئلة التي يستطيع الاجابة عليها ثم نركب العلاقة التالية:

$$\text{نسبة الذكاء} = \frac{\text{العمر العقلي}}{\text{العمر الزمني}} \times 100$$

وقد ظهرت اختلافات بين الباحثين في الحد الفاصل بين الأطفال الموهوبين والأطفال العاديين من حيث الذكاء, فقد اعتبره (تيرمان) ب١٤٠ فأكثر بينما اعتبره (هولنجورت) ب١٣٥ فأكثر, بينما انخفض لدى (تركسلر) إلى١٢٠ فأكثر.

٥. اختبارات القدرات الخاصة:

لقد اتسع مفهوم التفوق العقلي، بحيث لم يعد مقصوراً على مجرد التحصيل الدراسي في المجال الاكاديمي فقط، بل قد نجده في مجالات خاصة تعبر عن مواهب معينة لدى الاطفال اهلتهم كي يصلوا الى مستويات اداء مرتفعة في هذه المجالات المهنية او الفنية او الحركية او الاجتماعية....,

لذا فإن هذه الاختبارات توقفنا على القدرات الخاصة والمواهب والاستعدادات التي يجب علينا الاهتمام بها ورعايتها وتنميتها لدى هؤلاء الاطفال.

٦. اختبارات التفكير الابتكاري:

ويعتمد هذا الاسلوب على اظهار المبدعين والموهوبين من الأطفال الذي يتميزون بدرجة عالية من الطلاقة والمرونة والاصالة في افكارهم، بحيث يحاول هذا الاختبار الكشف عن الطفل المميز والفريد وغير المألوف، وبيان مدى تباين الموهوب عن غيره في طريقة تفكيره.

وقد شهدت السنوات الاخيرة تطوراً ملموساً في تحديد مدى التفوق العقلي ومجالاته، وظهر مفهوم جديد يتحدث عن الابتكار واعطاء الفرص المناسبة لنمو الطاقات الابتكارية، ومن أشهر هؤلاء العلماء "جليفورد" ومعاونوه الذين تبلور لديهم مفهوم جديد اساسه الابتكار.

وبالاضافة الى ما سبق هناك جوانب اخرى للكشف عن الموهوبين مثل، كتابة السيرة الذاتية التي يكتبها الفرد عن نفسه، والتقارير التي يكتبها الغير عن الفرد، والملاحظة المباشرة وغير المباشرة التي يقوم بها الوالدان والاسرة أو المدرس.

الفصل الثاني عشر

١٢

الأطفال بطيئوا التعلم

183

مفهوم بطء التعلم

خصائص بطيء التعلم

حاجات الطفل بطيء التعلم

أسباب بطئ التعلم

كيف نلبي حاجات التعلم الخاصة بفئات الطلبة المختلفة

مفهوم بطئ التعلم The Dyslexic Children

وهم الطلبة الذين يجدون صعوبة في التواصل الصفي وفي متابعة عمليات التعلم أو التمكن من المهارات اللغوية او الرياضية، ويتراوح هذا الضعف بين البسيط والحاد، وتشير الدراسات التربوية ان حوالي اثنين بالمئة من الطلاب يعانون بطء التعلم في الصفوف العادية.

إن هؤلاء أطفال أسوياء في معظم جوانب النمو النفسي والعاطفي والحسي والبدني, ولكنهم غير أسوياء في قدراتهم على التعلم وفهم واستيعاب المواد والرموز التعليمية التي تدرس لاقرانهم في نفس العمر. لذا فالطفل بطيء التعلم يبدو سوياً في مظهره واستجاباته وقدراته الاجتماعية، وطبيعياً في سلوكه وشخصيته، لكن تنحصر معاناته في الصعوبة البالغة في التعلم واستيعاب مواد الدرس التي تطرح في المناهج التعليمية المدرسية مثل الحساب والقراءة والكتابة والمواد الدراسية الاخرى........، كما انهم ينحدرون من أي مستوى اجتماعي واقتصادي وثقافي، فمنهم ابن الغني وابن الفقير، اذْ لا قيمة ولا أهمية للخلفية الاجتماعية للطفل بطيء التعلم في حدوث هذه الظاهرة في كل مكان وزمان.

لذا فإن اصطلاح "بطيء التعلم" Slow Learner يطلق على كل طفل يجد صعوبة في مواءمة نفسه للمناهج الاكاديمية بالمدرسة، بسبب قصور بسيط في ذكائه او في قدرته على التعلم او في تذكره.

ويحتاج مثل هؤلاء الأطفال الى ضرورة تعديل في المناهج وطرق وأساليب التدريس التي تستعمل مع أطفال من نفس سنهم في المدارس العادية، لذا فإن مكان هؤلاء هو الصفوف والفصول التي تضم الاطفال العاديين والاذكياء، على ان تكون

طريقة التدريس متنوعة حتى تلائم هذه الفئات المختلفة من الأطفال العاديين والأذكياء وبطيئو التعلم.

وليس من الضروري ان يكون بطيء التعلم متخلفاً من كل انواع النشاط، فقد يحرز تقدماً في نواحي أخرى مثل القدرة الميكانيكية او التذوق الفني او العمل اليدوي....، على الرغم من عدم تمكنه من القراءة الجيدة او الضعف في الحساب، لهذا ليس من الضروري ان يكون بطيء التعلم في القراءة بطيئاً في سائر الاشياء الأخرى، لأن هذا الاعتقاد الخاطيء سيجعلنا نهمل الكثير من المواهب والقدرات لدى هذا الطفل، وبالتالي فلن يستطيع تحقيق امكاناته وقدراته وتنميتها بشكل ايجابي.

خصائص بطيء التعلم

ان المعلومات المتوفرة عن خصائص بطيء التعلم قليلة نسبياً، ولكن هناك بعض الشواهد التي نلاحظها في الاطفال، إلا أن المقارنة بين بطيء التعلم والاطفال الاخرين، لا يمكن ان تتضمن كل العوامل المؤثرة، لذا يجب ان نحرص على عدم التعميم.

<u>أولاً: الصفات الجسمية:</u>

هناك تباين بين الطفل بطيء التعلم والطفل العادي، من حيث الصفات الجسمية أهمها:

١. معدل النمو لدى الطفل بطيء التعلم اقل في تقدمه بالنسبة لنمو الطفل العادي.

٢. الطفل البطيء التعلم اقل طولاً واثقل وزناً واقل تناسقاً من الطفل العادي.

٣. ليس بالدرجة التي تستدعي او تتطلب علاجاً خاصاً، فمن الناحية الصحية فهناك احتمال انتشار في ضعف السمع (اعاقة سمعية) او عيوب في الكلام (صعوبات النطق)، او اعاقات حركية، او اعاقات بصرية، او سوء التغذية، او مرض اللوزتين و الغدد.

وقد اثبتت بعض الدراسات والابحاث ان الطفل بطيء التعلم يعاني خلال حياته قبل المدرسة من مجموعة من الامراض والمتاعب البسيطة والتي تؤدي الى نقص في حيوية جسمه، وهو ما نطلق عليه "الضعف العام".

كما يمكن ان يرجع ذلك ايضاً الى عامل الوراثة او الظروف البيئية بعد الولادة، كسوء التغذية في الاعوام الاولى نتيجة الفقر او نقص المواد الغذائية الاساسية وقلة النوم والتعب.....الخ، وكلها عوامل هامة تؤدي الى اعاقة نمو الطفل وتضعف نشاطه وطاقاته.

<u>ثانياً: الشخصية والتكيف:</u>

لقد اثبتت بعض دراسات الباحثين والتي قارن فيها بين مجموعة من الاطفال بطيء التعلم ومجموعة من الطلاب النابهين، واتضح من هذه الدراسة ما يلي:

١. وجود اختلافات هامة منها: عدم الثقة بالنفس، وعدم الاحترام، والاعتماد على الغير والاحترام الزائد لهم.

٢. اما صفات النابهين فكانت: قدرتهم على تكوين الاصدقاء، وقدرتهم على القيادة والتنافس والتركيز والمشاركة الوجدانية للأصدقاء، وحب السيطرة، والثقة بالنفس والابداع وحب الاستطلاع، كما يتمتعون بالشجاعة والدفاع عن النفس والميل للعب.

ونحن نعلم ان الصفات الشخصية تعتمد على القدرة العقلية، حيث نجد ان الطفل النابه يتفوق على الطفل بطيء التعلم في التحصيل الدراسي والخلق والسيطرة وحب الاستطلاع.

أما بالنسبة لباقي الصفات مثل: الانانية، والعطف، والطاعة، والاعتماد على الغير، فإن الاطفال بطيئو التعلم يتفوقون فيها على الطلاب العاديين.

<u>ثالثاً: الكسل وعدم الانتباه:</u>

ان الكثير من الاطفال بطيئو التعلم يتميزون بالكسل بدرجة واضحة، وقد يعود ذلك الى ضعف الصحة العامة او عدم التكيف بالمدرسة, وقد لا يكون الكسل عاملاً أساسياً لديهم.

كما نلاحظ ان الطفل بطيء التعلم قدرته على الانتباه اقل من الطفل العادي، وذلك لان الانتباه يعتمد جزئياً على النواحي العقلية وعلى قوة الارادة، فمدة الانتباه ومداه لدى الطفل بطيء التعلم يكونان أقل منهما لدى الأطفال العاديين، ويمكن مساعدة هؤلاء الأطفال من خلال إعطائهم مواد دراسية قصيرة ونواحي نشاط يكون لها معنى وهدف واضح.

<u>رابعاً:العمليات العقلية العليا(الخصائص العقلية):</u>

من الملاحظ أن الطفل بطيء التعلم يختلف بدرجة كبيرة عن الأطفال العاديين في مجال السمات العقلية، خاصة في النواحي المتصلة بالإدراك السمعي والبصري، وأيضاً اذا كانت هذه العمليات معقدة مثل التعليل في التفكير لأن ذلك يعتمد على الذكاء، وهذا يتطلب كذلك الإيضاح والمراجعة واختيار نواحي مناسبة للموقف، وتحديد ومعرفة المشكلة المطلوب حلها أو ايجاد حلول لها في ضوء الخبرات السابقة.

حاجات الطفل بطيء التعلم

إن الطفل بطيء التعلم بحاجة الى العطف والحنان والانتباه أكثر من غيره من أجل الأخذ بيده وإعادة الثقة الى نفسه لينخرط بشكل ايجابي مع أقرانه من الأطفال ومع من هم بمثل سنه والبحث عن القدرات والمميزات الايجابية لديه وابرازها وتنميتها، لذا فالطفل بطيء التعلم بحاجة الى ما يلي:

١. توفير الطعام المناسب له، وتأمين الملابس والمأوى والراحة، وتوفير نواحي النشاط المناسبة لقدراته.

٢. مساعدته ليكون مقبولاً مع الآخرين وتنمية دوافع سلوكه الايجابية تجاه الآخرين، واتاحة الفرص أمامه لزيادة التوجيه الذاتي لديه كلما تقدم في العمر.

٣. بحاجة الى الرعاية الصحية خصوصاً في جوانب الاعاقة لديه، وإشعاره بالحب والأمن والاهتمام من قبل الآخرين.

٤. تدريبه وتعليمه كيف يدير شؤونه بطريقة أفضل.

٥. كما أنه بحاجة الى الاتصال والتوافق مع الواقع، حتى يكون هذا الواقع أساساً لتوجيه سلوكه وتحقيق ذاته ليفهم نفسه ويقبلها كما هي.

٦. بحاجة إلى أن يوازن بين النجاح والاخفاق، والتي يحتاج اليه كل التلاميذ بمن فيهم العاديين والنابهين وضعاف التحصيل.

أسباب بطئ التعلم

إن الأطفال بطيئو التعلم مجموعة متشابهة في الوضع التعليمي وفي بعض الاستجابات والاستعدادات الموروثة, ولكن تفاصيل مشكلة كل منهم ومضمون وطبيعة الخلل التكويني تختلف من طفل لآخر، لذا يجب أن ندرس كل حالة على حده، ونحلل الخلل التعليمي بشكل علمي وموضوعي حتى نتمكن من تقييم خلل كل حالة واختيار الطرق والأساليب والوسائل المناسبة بما يتوافق ويتناسب مع كل حالة.

كما أن أسباب"بطء التعلم" مختلفة فمنها العوامل الوراثية أو بسبب الجينات، أو بسبب مرض الأم أثناء الحمل أو نتيجة البيئة.

ومن أسباب بطء التعلم ما يلي:

أولاً: لقد اختلفت الآراء حول طبيعة البطء في التعلم وأسبابها سواء عوامل تكوينية وراثية أو بيئية أو أثناء الحمل....، ونتيجة لذلك فقد ظهرت عدة نظريات علمية نورد أهمها:

النظرية الأولى:

وترجع هذه النظرية بطء التعلم الى عوامل وراثية تكوينية، ومن هؤلاء العلماء: شيلدر shelder ، فرنون Vernon ، وموني monoy، ويعزون بانخفاض قدرة الطفل على التعلم نتيجة لضعف عام في قدراته الذهنية وإمكاناته اللغوية كالقدرة على الكلام والحركة والإدراك.

النظرية الثانية:

ومن أصحاب هذه النظرية العلماء: بيرج Birch، والعالم ورنر Wener وترجع هذه النظرية بطء التعلم الى الأسباب التالية:

التأخر في نمو مراكز ومناطق معينة في دماغ الطفل، أي تأخر وتباطؤ في مراحل النمو العقلي والحسّي، فيظهر الطفل عاجزاً عن فهم وإدراك مفردات اللغة المرئية والمسموعة.

لذا فإن أفضل الطرق لمساعدة وتعليم الأطفال بطيئو التعلم، هي بالتعاون بين المعلم والمدرسة والأسرة، وعمل صفوف خاصة في نفس المدرسة الإعتيادية، ليندمج الطفل مع أقرانه من الطلاب العاديين في النشاطات المختلفة باستثناء التدريسية منها.

أما أسباب بطء التعلم والتي تعود الى العوامل الوراثية، فمنها ما هو قبل الولادة، وهي التي تؤثر على الجنين قبل ولادته خلال أشهر الحمل، ومنها بعد الولادة.

فالعوامل الجينية المباشرة، هي التي تنتقل عن طريق الصفات الوراثية، وهناك عوامل جينية غير مباشرة تسبب المرض أو الخلل لدى الطفل، وينتقل الى الجنين من أحد والديه، وتشمل ما يلي:

١.العيوب المخيّة.

٢.الاضطرابات في تكوين الخلايا.

٣.حالات العامل الرايزيسي R.H.

٤.الاضطرابات في عملية الأيض.

أما <u>العوامل غير الجينية</u>، منها:

١. إصابة الأم الحامل بأمراض معدية مثل: الزهري، الحصبة الألمانية، التسمم العضوي، مرض الصفراء المخية، التهابات السحايا.

٢. اضطرابات الغدد.

٣. عدم توفر الأكسجين الكافي للجنين.

٤. مشكلات سوء التغذية للأم الحامل.

أما عوامل أثناء الولادة فأهمها: عسر الولادة، الولادة الجافة، انقطاع الأكسجين عند الطفل.

وعوامل ما بعد الولادة مثل: الأمراض التي يتعرض لها الطفل في السنوات الأولى من عمره والتي قد تسبب تلفاً في الجهاز العصبي للطفل أو في الجهاز السمعي أو البصري.....

ثانياً: الوضع النفسي.

ومن الأسباب التي تؤدي إلى بطء التعلم لدى الأطفال, الوضع النفسي والتوتر الإنفعالي نتيجة وضع الأسرة ومعاملة الوالدين السيئة وانخفاض الوضع الإقتصادي والغذائي, والوضع الإجتماعي والثقافي للأسرة, وهذا يؤثر بشكل كبير على نفسية الطفل, لأن الإضطراب التكويني النفسي والواقع السلوكي والحسي للطفل يعوق عملية التعلم.

فالإضطراب النفسي يؤدي إلى الإحباط والتعثر في الدراسة والإخفاق في التعلم, كما أن القلق الشديد لدى الطفل يؤدي إلى ضعف الكفاءة لدى الطفل وإلى عدم الدقة في تأدية الواجب التعليمي وإلى ضعف في الحفظ وضعف في التذكر, بينما الخوف والفزع يؤثران تأثيراً مباشراً على قدرة الطفل على التعلم والتحصيل والتقدم الدراسي, وهذا مرتبط إما بالمعلم أو المعلمة أو بطفل آخر, لذا يجب عدم

اللجوء إلى أي أسلوب قد يؤدي إلى خوف أو فزع الطفل لأن النتائج في جميع الأحوال هذه تكون سلبية.

كما قد يتعرض الطفل إلى اضطرابات سلوكية مرتبطة بمشاكل التعليم في المدرسة, وهذا يتطلب توفير أجواء تربوية هادئة ومتزنة وهادفة للحد من سلوك الطفل العدواني أو الحركة الكثيرة وتوفير الجو المناسب والحنان والعلاقة الطيبة مع الطفل للتخفيف من الإنفعال والتهيج لدى الطفل وتوفير عوامل الجذب للمدرسة, لتقوية رابطة الطفل بالمدرسة لمنع الهروب أو كرهه للمدرسة.

ثالثاً: الأسباب الثقافية لبطء التعلم:

إن توفير الخبرات الثقافية والتربوية والتعليمية المبكرة والمناسبة للأطفال والرعاية النفسية لهم, تزيد في نموهم العقلي والإجتماعي والوجداني, وإن نقص هذه الخبرات تقلل من فرص النمو لدى الطفل. لذا وجب علينا توفير الخبرات الضرورية واللازمة للطفل والتي تعتبر أساسية قبل دخوله إلى المدرسة, حتى يستطيع المعلم أن يبني عليها المواد المقررة في المنهاج, كما أن على الجهات الرسمية توفير تدريب المعلمين وتأهيلهم ليكونوا قادرين على التعامل الصحيح مع أطفالنا, وتوفير كل الوسائل والمتطلبات اللازمة لتوفير كافة الخبرات التعليمية الثقافية والتربوية لأطفالنا.

رابعاً: العوامل والأسباب العائلية والإجتماعية لبطء التعلم:

من الطبيعي أن كل طفل يعيش ضمن معطيات بيئية وعائلية واجتماعية وأسرية معينة, تفرض عليه سياقات وطرق خاصة في عملية التعلم.

وهذه العوامل تكون مفروضة على الطفل خارج حدود قدراته ورغباته, فبعض العائلات تعتمد أسلوباً في تربية أطفالها من خلال توجيههم منذ الصغر نحو أهداف غير مدرسية كالعمل مع الأب في التجارة أو الحقل أو الحدادة أو الزراعة أو البقالة....., وبذلك يحرمون الأطفال من بهجة الطفولة وفرص التعلم المتاحة.

لذا نجد أن موقف العائلة من مسألة تعليم أطفالها يعتمد على مايلي:

١. الوضع الإقتصادي للأسرة.

٢. التكوين العائلي والترابط الأسري والتفاهم بين الأب والأم على كيفية تربية أطفالهم ورعاية مستقبلهم.

٣. الخلفية الثقافية للأسرة والعائلة.

خامساً: أسباب أخرى لبطء التعلم:

قد يرجع سبب بطء التعلم إلى عامل أو عوامل في البرنامج التعليمي والتي يجب دراستها والتحكم فيها أو تغييرها وتعديلها لتناسب وضع هؤلاء الأطفال كل حسب قدراته وامكاناته، وقد يعود بطء التعلم إلى حالة الطفل الجسمية كسوء الصحة العامة للطفل أو ضعف السمع أو البصر أو سوء التغذية، وعلى المعلم أو المعلمة اكتشاف هذه الحالات مبكراً حتى تعالجها وتساهم في حلها، فإذا لاحظت أن الطفل ضعيف السمع أو ضعيف البصر، وضعته في المقاعد الأمامية للصف حتى يكون قادراً على السمع والإبصار الجيد، وإذا لاحظ المدرس بطء في كتابة الطفل، فقد يكون ذلك بسبب ضعف في عضلات يده أو عدم تكيفه في مسك القلم....، وهكذا علينا أن نبحث عن السبب ونحاول أن نجد له حلاً تربوياً مناسباً لمساعدة الطفل على تخطي هذه العقبة بيسر وأمان.

كيف نلبي حاجات التعلم الخاصة بفئات الطلبة المختلفة

إن بطء التعلم هو أكثر مشاكل التعلم شيوعاً، ومن أجل مساعدة الطلبة الذين يعانون من بطء التعلم في تحسين تحصيلهم الدراسي، على المعلم أن يوفر لهم بيئة تعليمية منظمة تتوفر فيها المواد التعليمية السمعية والبصرية واليدوية المختلفة، وأن ينوع في أنشطة التعليم والتعلم، وأن يستخدم في شرح المادة التعليمية عبارات مألوفة وجمل بسيطة وقصيرة، وأن يكرر لهم التعليمات ويبسطها، وأن يتيح لهم وقتاً إضافياً لإنهاء المهمات والإختبارات وأن يكون واسع الصدر صبوراً.

ومن الممكن أن يعد لهم تسجيلات صوتية للمواد التعليمية ولإجابات الأسئلة، وبمساعدة الطلبة الآخرين في الصف، ويمكن للمعلم أن يلخص لهم المحتوى

الدراسي بجمل ونقاط محددة ومنظمة, ومن المفيد جداً تفعيل التعلم الزمري التعاوني, والعمل الثنائي بين الطلبة, لإشراك الطلبة الجيدين في مساعدة زملائهم بطيئي التعلم, وعلى المعلم عند التعامل مع هذه الفئة من الطلبة, أن يقدم لهم دائماً الدعم والمساندة والتشجيع, وأن يراجع أعمالهم باستمرار, ويقدم لهم التغذية الراجعة الفورية والمفيدة, وأن يستفيد هو شخصياً من التغذية الراجعة عن مدى تطورهم في تعديل خططه وطرق وأساليب تدريسه لتتوائم مع هذه النتائج وتحسينها وتطويرها وإضافة كل ماهو جديد ونافع إلى هذه الخطط.

١. <u>الطلبة ذوي الإعاقات الحركية:</u>

على المدرسة أن توفر لهؤلاء الأطفال كل ما يساعدهم على تخطي عقبات هذه الإعاقة بحيث تكون الغرفة الصفية ملائمة لحركة جميع طلبة الصف بما فيهم الطلبة ذوي الإعاقات الحركية, ولذلك ينبغي على المعلم تنظيم الغرفة الصفية بشكل يسمح للطلبة ذوي الإعاقات الحركية من الإندماج بنفس الأنشطة التعليمية مع أقرانهم من طلبة الصف, وعلى المعلم أن يشجع طلبة الصف ويعودهم على مساعدة زملائهم من أصحاب الإعاقات الحركية, كما يجب إزالة أي عوائق من الممرات بحيث يستطيع الطالب ذو الإعاقة الحركية من الوصول إلى أي ركن في الصف, ولتمكين هذه الفئة من الطلاب من متابعة العروض العملية لعمليات التعليم والتعلم دون بذل جهد في تغيير أماكنهم, ويمكن استخدام طاولة متحركة ذات عجلات يمكن نقلها داخا الصف وتحريكها من مكان إلى آخر بسهولة.

كما يمكن للمعلم أن يروي لطلبته قصص نجاح أفراد متفوقين في مجالات مختلفة من العلم والحياة والفن من ذوي الإعاقات الحركية أو غيرها من الإعاقات, أو استضافة شخصية معروفة من ذوي الإعاقات للتحدث شخصياً إلى الطلبة عن قصة نجاحه ومسيرة حياته وانجازاته.

ومن الأمور الهامة أيضاً إفساح المجال للموهوبين من أصحاب الإعاقة الحركية في التحصيل الدراسي أو المهارات اليدوية أو الفنية أو المهنية من

إظهار إبداعاتهم ونشر نتاجاتهم, وتوجيه الشكر والثناء لهم وتحفيزهم وتشجيعهم على المضي قدماً في هذه الإبداعات والمواهب.....

٢. الطلبة ذوي الإعاقات البصرية:

وهم الطلبة الذين يعانون من طول أو قصر النظر, أو أي مشاكل في العيون تحول دون تفاعلهم في الأنشطة الصفية كباقي زملائهم, ولتحقيق التكيف اللازم لهم في الغرفة الصفية يجب وقبل كل شيء توفير عوامل الأمن والسلامة لهم, ثم إجلاسهم في المقاعد المناسبة لوضعهم الصحي, بما يتيح لهم رؤية المعلم والسبورة أو لوح العرض, ولتمكينهم من متابعة ما يكتب أو يعرض على السبورة, على المعلم أن يقرأ كل مايكتبه ويعرضه أثناء كتابته وعرضه, كما ينصح المعلم بتوظيف الأنشطة والمواد التعليمية السمعية كالتسجيلات الصوتية, وتفعيل أساليب المحاضرات والمناقشات الصفية, وعلى المعلم تعويد وتشجيع الطلبة الآخرين للتعاون مع هذه الفئة من خلال إعداد ملخصات لهم عن مادة التعلم, أو إعادة شرح المواد المكتوبة أو المعروضة على السبورة أمام الصف.

٣. الطلبة ذوي صعوبات النطق:

إن الصبر والتأني هما أهم ما يجب أن يتحلى بهما المعلم عند التعامل مع هذه الفئة من الطلبة وأن تكون لديه الرغبة والإستعداد للعمل معهم.

وعلى المعلم أن لا يتعجل الطالب الذي يتأنى لإنهاء جملة أو إجاباته, وأن لا يتسرع أو يتدخل لإنهاء الجمل بعباراته هو, كذلك على المعلم أن يأخذ بعين الإعتبار إيحاءات الطلاب وتعابير وجوههم عند مشاركتهم بالأنشطة الصفية, كما يجب تشجيع هذه الفئة من الطلبة وتحفيزهم دائماً على المشاركة, وعدم استثنائهم من الأنشطة التعليمية, ولكن مع جعل مشاركتهم بالقدر الذي يرغبون به, وعدم دفعهم للمشاركة أكثر مما يطيقون خوفاً من الإنعكاسات النفسية السلبية عليهم, وإذا فضلوا الإصغاء لزملائهم أثناء المناقشات الصفية فهم حتماً سيستفيدون من هذا الإصغاء, كما يمكن تفعيل مشاركتهم من خلال حثهم على

كتابة إجاباتهم أو آرائهم على السبورة أو على بطاقات خاصة, كما يمكن إفساح المجال لهم للمشاركة الصفية من خلال الأنشطة المكتوبة, كعمل اللوحات ومجلات الحائط والتقارير والأبحاث وتطبيقات الحاسوب وتفعيل الإستفادة من خدمات الإنترنت.... واستخدام أي نشاط يتناسب مع قدراتهم وإمكاناتهم ومواهبهم.

٤. الطلبة ذوي الإعاقات السمعية:

إذا وجد في الصف من يشكو من ضعف أو إعاقة سمعية, فأول ما ينبغي على المعلم فعله هو مواجهة الصف عند الحديث, ليتيح المجال أمام الطلبة, وخاصة هذه الفئة, فهم وإدراك حركة الشفاه وقسمات الوجه, ولتشجيعهم على المشاركة الصفية, كما ينبغي أيضاً تقليل أصوات الضجيج الصفي, كما يمكن تنظيم جلوس الطلبة على شكل دائرة أو نصف دائرة ليتمكن الأطفال من رؤية بعضهم البعض وليتمكنوا من متابعة أنشطة القراءة والمحادثة.

وعلى المعلم أن يتحدث بلغة بسيطة ومباشرة, وأن يتجنب الإستطراد في الحديث والتشتت عن موضوع الدرس, وخلال المناقشات الصفية على المعلم أن يقوم من وقت لآخر بتلخيص إجابات الطلبة وإعادة الأسئلة قبل إجابتهم عليها.

ومن المفيد جداً عند التعامل مع هذه الفئة من الطلبة استخدام الوسائل التعليمية البصرية من صور ورسومات ومواد وأقلام, ومن أهم طرق التعليم التي تخدم هذه الفئة من الطلبة هو تعليم الأقران, بحيث يقوم الطلبة بتقديم الملاحظات المكتوبة والملخصات لأقرانهم, وإذا تضمن الدرس مجموعة مفردات أو مصطلحات جديدة, فعلى المعلم أن يبدأ بتقديم نسخة من هذه المصطلحات مسبقاً للطالب أو لمن يساعده من أقرانه قبل البدء بأنشطة الدرس, لأنه يصعب على هذه الفئة من الطلبة تمييز حركة الشفاه لمفردات لا يعرفونها.

٥. الطلبة ذوي الإنحرافات السلوكية:

وهم الطلبة الذين يعانون من اضطرابات نفسية أو سلوكية تدفعهم إلى سوء التصرف أو سوء السلوك الصفي, وقد تتراوح الإنحرافات السلوكية ما بين

العنف الشديد إلى السلبية الكاملة, وفي الحقيقة فإنه لايوجد أسلوب تعليمي محدد للتعامل مع هذه الفئة من الطلبة, ولكن أهم المبادئ في التعامل معهم ومع جميع الطلبة بشكل عام وهي العدل والحزم والمرونة, ومن المهم للمعلم في هذا السياق تحديد القوانين والتعليمات والسلوك المتوقع من الطلبة, ومن الضروري كذلك تعزيز السلوك المرغوب أو المقبول والقريب من معيار السلوك المرغوب فيه, وتجاهل وإطفاء السلوك غير المرغوب فيه, ولمساعدة هؤلاء الطلبة وتشجيعهم على التعلم يجب أولاً تهيئة بيئة تعليم منظمة, وينصح المعلم بالتحدث مع هؤلاء الطلبة على انفراد عن نقاط القوة فيهم ونقاط ضعفهم, وتوجيه نقاط قوتهم نحو حثهم على النجاح والتطور, كما يمكن دفعهم نحو التعلم من خلال التخطيط لأنشطة تعليمية وباستخدام وسائل ومواد تناسب نمطهم التعليمي, مما يشجعهم على التفاعل والمشاركة مع بقية أطفال الصف.

٦. الطلبة المتفوقون والموهوبون:

إن الصعوبة في التعامل مع فئة الموهوبون والمبدعون تكمن في المحافظة على حماسهم ومثابرتهم واستعدادهم لمهمات جديدة, فإذا فشل المعلم في تحدي قدراتهم واستعداداتهم فإنهم سيشعرون بالملل والإنسحاب, وقد يتحول حماسهم هذا إلى نوع من الشغب.

وهناك مجالات عديدة من الأنشطة التعليمية الإبداعية التي تناسب حتى أكثر الطلبة تفوقاً مثل مشاريع التعلم وحل المشكلات والأسئلة والأنشطة ذات النهايات المفتوحة التي تبرز قدراتهم ومهاراتهم وتنمي طرق تفكيرهم وإبداعاتهم, وتوجههم نحو ملاحظة العالم من حولهم وإدراك قصص النجاح للأفراد الموهوبين, وتشجعهم على طرح الأسئلة وإعداد العروض المختلفة لنتاجات تعلمهم وعرضها لزملائهم, وحثهم على العمل التعاوني وعلى إنجاز أعمالهم ضمن المجموعات على أفضل مستوى من التميز والإبداع.

الفصل الثالث عشر

١٣

أثر البيئة على نمو
الطفل وصحته

أمراض الأم وأثرها على الطفل

اضطرابات المناعة

أثر العوامل الخارجية على نمو وصحة الطفل

عوامل أخرى تؤثر على صحة وسلامة الجنين والطفل

200

أثر البيئة على نمو الطفل وصحته

هناك بعض العاهات والأمراض التي يتعرض لها الطفل بسبب إصابة الأم بمرض أو إصابة من النوع الذي يؤثر على الجنين في الوقت الذي يكون فيه جهاز معين من أجهزة الجنين في طور التكوين, وهناك عوامل كثيرة تؤثر على الجنين منها الأمراض التي تتعرض لها الأم, واضطرابات المناعة, والعوامل الخارجية كالإشعاعات والتدخين والمخدرات والأدوية والعقاقير التي تتناولها الأم الحامل...., وغيرها من العوامل التي سنتطرق لها فيما يلي:

أولاً: أمراض الأم:

لا شك بأن الأم في فترة حملها إذا تعرضت إلى بعض الأمراض فإن ذلك يؤثر على جنينها خصوصاً إذا كان في فترة التكوين والتشكيل الأولى, وفيما بعض الأمراض الخطيرة التي إذا أصيبت بها الأم في فترة الحمل فإن آثارها ستنتقل إلى الجنين, ومن أشهر هذه الأمراض مايلي:

أ. مرض الزهري (السفلس):

وهو أحد أمراض الجهاز التناسلي, وهو شديد الخطورة, إذا أصيبت به الأم وهي في الثلث الأول من حملها, فإنه سيؤدي إلى مايلي:

١. وفاة الجنين, إذا أصيبت به الأم وانتقل المرض إلى الجنين في بداية الحمل

٢. تشوهات خلقية تظهر في الجنين إذا عاش, حيث تظهر تشوهات في ترتيب الأسنان وشكل الأنف.

٣. عيوب في الإبصار.

٤. تشققات في سطح جلد الطفل.

٥. التخلف العقلي للطفل إذا بقي على قيد الحياة.

ب. الحصبة الألمانية:

قد تصاب الأم الحامل بفيروسات الحصبة الألمانية أثناء فترة الحمل الأولى, أي خلال الأشهر الأربعة الأولى من الحمل, حيث تمر هذه الفيروسات إلى الجنين عبر المشيمة والتي تسمى"الخلاصة".

إن لفيروسات الحصبة الألمانية القدرة على قتل الجنين ومن ثم الإجهاض, أو إحداث الضرر الجسيم للجنين, وذلك تبعاً لنوع ميكروب الحصبة, وأهمها:

١. إحداث أمراض القلب الخلقية وما يلازمها من اضطرابات.

٢. إحداث عاهات سمعية للجنين كالإصابة بالصمم والبكم.

٣. عاهات بصرية كالإعتام في عدسة العين"الجلوكوما".

٤. التهابات في الدماغ وما يتبع ذلك من تخلف عقلي.

٥. التهابات الكبد, وإغلاق القناة الصفراوية.

٦. موت الجنين والذي يتبعه الإجهاض.

ومن المعلوم طبياً أنه إذا أصيبت به الفتاة قبل الزواج أو قبل الحمل, فإن آثاره ستكون بسيطة وغير خطرة, وسيعطيها ذلك مناعة أبدية ضد الإصابة بهذا المرض طيلة حياتها, لذا على الأم إذا لم تكن قد أصيبت به قبل الحمل, أن تحتاط له, خصوصاً في أشهر حملها الأولى.

ثانياً: اضطرابات المناعة RH:

ويطلق عليها العامل الرازيسي Rhesus, وهو مرض دموي يصيب الجنين فيؤدي إلى قصر عمر خلايا دم الجنين.

وتتلخص آلية عمل هذا العامل الرازيسي على النحو التالي:

إن نمط الدم في الإنسان يكون إما (+Rh) أو (Rh-)، فإذا كانت الوراثة من الأب (+Rh) وكانت الأم (Rh-) ، فإن دم الجنين يصبح (+Rh) لأنه صفة سائدة، ونظراً لأن الأم تحمل (Rh-) ، أي أن دمها يخالف دم الجنين الذي هو (+Rh), فإن جسم الأم ينتج جسيمات مضادة يطلق عليها مضادات (Rh) تنتقل خلال المشيمة (الخلاصة) إلى دم الجنين, حيث تتسبب هذه المضادات إلى هدم خلايا دم الجنين ومنع وصول الأكسجين والغذاء بشكل طبيعي إلى الجنين مما يؤدي إلى وفاة الجنين, أو إحداث التخلف العقلي أو الشلل الجزئي أو الكلي للجنين.

ولكن مع تقدم العلم والطب فقد تم التغلب على هذه الحالة طبياً من خلال إعطاء الأم إبرة (حقنة) تحتوي على علاج تعمل على تحطيم خلايا الدم (+Rh) في الدورة الدموية للأم لمنع بناء أجسام مضادة تؤثر على الأطفال المولودين, لذا فمن الضروري إجراء فحص مخبري وبدني للزوجين قبل الزواج لتحديد نوع الدم ومدى التوافق بين نمطي دم الأب والأم أو عدمه.

ثالثاً: أثر العوامل الخارجية

ونقصد بالعوامل الخارجية وهي العوامل التي تؤثر على تفاعلات الأم والجنين من حيث اتجاهات الأم نحو جنينها هل هي إيجابية أم سلبية, وهل هي إتجاهات مستقرة انفعالياً أم أنها مضطربة, بالإضافة إلى تأثير عدد من العوامل الأخرى, كالعقاقير والتدخين والإشعاعات والغذاء.... والتي تؤثر على الجنين أثناء الحمل, والتي سنتعرض لها فيما يلي:

١. التدخين:

تظن بعض الفتيات وبعض النساء أن التدخين هو نوع من الحضارة الحديثة, فنجد أن بعض النساء تتباهى ويتفاخرون وهن يحملن السيجارة أو يجلسن ويُدَخِنَّ الأرجيلة باستخدام التنباك أو المعسل, ويتناسين مضار التدخين إن لم يكن على صحتهن بل على صحة أطفالهن.

وبشكل عام نود أن نذكر الأمهات الإيجابيات بمثل هذه المضار وخطورة التدخين على أنفسهن وعلى أطفالهن وعلى كل ما يحيط بهن:

أ. إن إدمان الأم على عادة التدخين يعرضها للإصابة بالعديد من الأمراض الخطرة كأمراض القلب والرئة وسرطان الثدي والسكتة الدماغية, كما يؤثر على استعدادها للحمل بالإضافة إلى إحداث تشوهات في الشفاه واللثة والأسنان ورائحة الفم غير المقبولة.

ب. إن النساء اللواتي يتناولن أقراص منع الحمل ثم يقبلن على التدخين أكثر عرضة للإصابة بأمراض القلب من غيرهن, بالإضافة إلى خطر ذلك على الجنين فيما بعد.

ج. إن نسبة الخصوبة لدى النساء المدخنات تقل بنسبة ٢٠% عن غير المدخنات، بالاضافة ان التدخين يعرض المرأة الى امكانية استعدادها للإجهاض أكثر من غيرها.

د. إن تدخين الام يؤثر على وزن جنينها سلباً، كما يعاني أطفال النساء المدخنات من صعوبة التنفس، وسبب ذلك يعود الى عدم تلقي الجنين الاكسجين الكافي عندما كان في رحم أمه.

ه. إن تدخين الفتاه غير المتزوجة يؤدي الى نقص هومون (الاستروجين) لديها، مما يؤدي الى دخولها في سن اليأس قبل غيرها من غير المدخنات.

و. إن تدخين الأم الحامل يؤدي الى انتقال مادة النيكوتين السامة من دم الام الى دم الجنين مما يؤدي الى سرعة نبضات القلب عنده.

٢. <u>المخدرات والخمر:</u>

إن تعاطي الأم المخدرات وإدمانها الخمر يؤدي إلى تغيرات في كيمياء الدم لدى الأم مما يؤدي إلى تأخر نمو الجنين نتيجة نقص وصول الكمية الكافية من الغذاء للجنين نتيجة عدم تناول الأم الغذاء الكافي لها، كما أثبتت البحوث العلمية والدراسات الطبية الميدانية ان الام التي تتعاطى المخدرات يبدو على أطفالها التخدير والكسل الزائد بالاضافة الى اضطرابات في الجهاز التنفسي وامكانية حدوث تشوهات خلقية لدى الجنين كالشلل وعدم توازن الفيتامينات لدى الجنين بالإضافة لانخفاض درجة حرارته عند الولادة، وبطء دقات قلبه والتي قد تؤدي الى الوفاة.

٣. <u>العقاقير والادوية:</u>

ان لجوء بعض الامهات الى تعاطي بعض الادوية في الاشهر الثلاثة الأولى للحمل تسبب العديد من التشوهات الخلقية للجنين، وعلى الرغم من خطورة هذه الادوية الاّ أن بعض الأطباء ما زالوا حتى وقتنا الحاضر

يوصون ببعض العلاجات او بعض العقاقير المهدئة لاعصاب وآلام الأم الحامل رغم خطورتها.

ففي عام ١٩٨٥م ونتيجة تعاطي الامهات في ألمانيا وفي الغرب أحد الأدوية المهدئة والمنومة المسمى "الثاليدومید" أنتج جيلاً من الأطفال مشوه الأطراف.

وفي عام ١٩٦٠م، ظهرت موجه من تشوهات الأطراف بين مواليد استراليا وألمانيا، وأرجع الأطباء سبب ذلك الى تعاطي الامهات الحوامل لعقار "الثاليدومید" كما أصيب الآلاف من الأطفال في أمريكا الجنوبية واليابان لنفس السبب وبعدها تم سحب هذا الدواء من الأسواق.

لذا فإن اعطاء الادوية المهدئة للأعصاب والآلام للأم الحامل يحمل خطورة للأم الحامل خصوصاً في الأشهر الثلاثة الأولى من الحمل، كما أن إعطاء بعض أدوية الخصوبة (الهرمونات) ومركبات اليود، جميعها أدوية غير مرغوب فيها لانها تترك جوانب سلبية لدى المرأة.

٤. الاشعاعات:

لقد اثبتت التجارب حدوث تشوهات للجنين اذا تعرضت الأم الحامل الى الاشعاع خصوصاً في مرحلة تكوين أعضاء الجنين، فإما أن يموت الجنين ويحدث الاجهاض او يحدث تلف للخلايا مما يؤدي الى تشوهات الجنين، ويعتمد مدى التلف في الخلايا على عمر الجنين عند التعرض للإشعاع.

وحتى بعد الاشهر الاولى من الحمل اذا تعرضت الام الحامل الى الاشعاع فقد لا تحدث تشوهات، لكن قد يولد الجنين قصير القامة وقصير العمر وعقيم، وتزداد نسبة حدوث السرطان والطفرات الجسمانية لديه.

وقد أثبتت التجارب والوقائع انه باستطاعة الاشعة السينية (X-Ray) وغيرها من الاشعاعات التسبب في عاهات خلقية اذا أصابت الجنين في الثلث الاول من حياته.

وقد لوحظ ولادة اطفال مشوهين خلقياً في اليابان بعد الولايات المتحدة الأمريكية بالقاء القنابل الذرية على مدينتي (هيروشيما وناجازاكي) في اليابان إبان الحرب العالمية الثانية، وتعرض النساء الحوامل آنذاك لاشعاعات هذه القنابل الخطرة.

لذا فإننا ننصح الأم الحامل بعدم التعرض لاي نوع من الاشعاعات مهما كانت خلال فترة الحمل لحماية جنينها من خطر الاصابة بهذه التشوهات الخلقية، حتى لا تعيش في حالة من الندم والألم فيما بعد.

٥. <u>سوء التغذية:</u>

لا شك بأن ضعف تغذية الام الحامل خاصة في الثلث الاول من فترة الحمل يؤدي في بعض الاحيان الى اصابة الطفل بعاهات خلقية، لذا فإن الجنين النامي يصل الى كفايته الغذائية عندما تتوفر للأم الحامل التغذية الأساسية الضرورية، لذا فإن سوء تغذية الأم يعرض الجنين والأم للخطر، لان الأم اذا لم تتناول الكالسيوم بصورة كافية مع غذائها، فإنه سوف يتحول من عظامها واسنانها لسد حاجة الجنين، مما يؤدي الى تساقط بعض اسنان الام والى هشاشة عظامها، كما أثبتت التجارب بأن نقص البروتين في غذاء الأم الحامل ينتج أطفالاً أقل ذكاءاً.

<u>أما الأضرار الغذائية التي يتعرض لها الجنين خلال فترة الحمل فإن سببها ما يلي:</u>

١. القصور الغذائي: أي نقص حصول الام على عنصر او اكثر من الفيتامينات التي تكون بحاجة اليها في هذه الفترة.
٢. عدم التوازن الغذائي: ونعني به عدم التوازن بين أنواع المواد الغذائية التي تتناولها الأم الحامل.
٣. الافراط الغذائي: وهو تناول الام الحامل عناصر غذائية بنوعيات غنية وكميات كبير تزيد عن حاجة جسمها.

لذا فإن سوء تغذية الام الحامل يؤثر على النمو الجسمي والعقلي للطفل، كما يؤدي الى وفاة الجنين والاجهاض المبكر، والاطفال الخداج، ويكون الاطفال في

هذه الحالة عرضة للاصابة بالامراض وانخفاض ذكائهم، واصابتهم بالانيميا وفقر الدم وامكانية تعرضهم للاصابة بمرض الكساح.

لذا فعلى الام الواعية والتي تسعى الى ولادة طفل صحيح ومعافى، ان تهتم بغذائها وان تتذكر ان غذاء الجنين النامي يأتي من دم الام الذي ينتقل اليه خلال أغشية المشيمة (الخلاصة) والحبل السري.

٦. أعمار الوالدين:

لقد اتضح ان حياة الفرد تتأثر بأعمار والديه، وأن الاطفال الذي يولدون من زوجين في ريعان الشباب يعيشون اطول عمراً من الذي يولدون من زوجين يقتربان من مرحلة الشيخوخة.

كما أن هناك احتمال قوي أن لسن الام علاقة باصابة الاطفال بعاهات خلقية، وانما كلما تقدمت الام في السن بعد عمر معين (٣٥) سنة، كلما كانت اصابة اطفالها بعاهات خلقية اكثر احتمالاً، وقد لوحظ بأن أغلب الاطفال (المنغوليين) يولدون من أمهات قد تجاوزن الخامسة والثلاثين من العمر.

وفيما يلي جدول يوضع اهم العاهات الخلقية التي قد يعرض لها الاطفال المولودين من أبوين كبيرين في السن، ونسبة حدوثها:

نوع العاهة الخلقية	نسبة حدوثها
التوائم القدم	تحدث في ٤.٥ في الالف
العاهات الخلقية في القلب	تحدث في ٤.٠ في الالف
القلب المفتوح	تحدث في ٣.٥ في الالف
استسقاء الرأس	تحدث في ٢.٥ في الالف
الحلق المشقوق والشفر الارنبية	تحدث في ٢.٠ في الالف

حالات المنغولزم	تحدث في١.٧ في الالف
خلع الفخذ	تحدث في ٠.٧ في الالف

٧. <u>عومل ثانوية أخرى:</u>

لقد تعرضنا فيما تقدم الى اهم العوامل المؤثرة في نمو الطفل بمظاهره الجسمية والنفسية والاجتماعية والتي تتعلق بالوراثة والهرمونات والغذاء والبيئة الاجتماعية واعمار الوالدين.

رابعاً: عوامل أخرى تؤثر على صحة وسلامة الجنين والطفل

وهناك عوامل ثانوية اخرى تؤثر على نمو الجنين ولو بشكل ثانوي، نعرض أهمها:

أ. الحوادث: اذا تعرضت الام الحامل الى حادث ما أو صدمة قوية ام سقوط، فإن ذلك يؤثر على سلامة الجنين.

ب. حالة الام النفسية والانفعالية: اذا تعرضت الام الحامل للانفعالات الحادة كالغضب والعصبية والاثار النفسية السلبية فإن ذلك يؤثر على التوازن الهرموني في جسمها والذي ينعكس سلباً على نمو الجنين.

ج. حالة الوضع نفسها: قد تتعرض الام الحامل الى الولادة المبكرة أي ولادة جنينها قبل اكتمال المدة الطبيعية للحمل او الى الولادة العسرة وغير الطبيعية، او الى النزيف او التفاف الحبل السري حول رقبة الجنين، كما قد يضطر الطبيب الى استخدام بعض الالات في الولادة واستعمال بعض الادوية والمسكنات اثناء الولادة....، كل هذه العوامل قد تكون سبباً في تحطيم واتلاف بعض خلايا دماغ المولود، بالاضافة الى بعض العوامل الاخرى التي تؤدي الى نقص الاكسجين في دم الجنين وتسبب حالة الأنوكسيا (Anoxia) لدى المولود.

د. السُلالة: من الملاحظ بأن سرعة النمو تختلف لاختلاف نوع سلالة الطفل فالطفل العربي يختلف في نموه عن الطفل الاوروبي او الصيني او الياباني...، فلكل شعب نمو خاص بأطفاله كما ان سرعة نمو ونضوج اطفال المناطق الباردة.

٥. نمو ونضوج أطفال المناطق الحارة تختلف عن سرعة الهواء النقي واشعة الشمس: لقد اثبتت التجارب والشواهد بأن أطفال الريف والسواحل الذين يعرضون لاشعة الشمس ويستنشقون الهواء النقي، ينمون أسرع من أطفال المدن المزدحمة ذات الهواء غيرالنقي، كما أن لأشعة الشمس أثرها الفعّال في سرعة نمو الأطفال لاحتوائها على الأشعة فوق البنفسجية.

المراجع والمصادر العربية

١. د. سعدية محمد علي بهادر_ أطفال ما قبل المدرسة_ الطبعة الأولى ٢٠٠٣_ دار المسيرة للنشر والتوزيع_ عمان_ الأردن_ العبدلي.

٢. سعيد مرسي أحمد, كوثر حسين كوجك_ تربية الطفل قبل المدرسة_ عالم الكتب_ القاهرة_ ١٩٨٣.

٣. سعيد أحمد حسن, أدب الأطفال ومكتباتهم_ مؤسسة الشرق للعلاقات العامة والنشر_ عمان_ الأردن_١٩٨٤.

٤. صالح عبد العزيز_ التربية وطرق التدريس_ الطبعة الرابعة ١٩٦١_ دار المعارف_القاهرة.

٥. عبد السلام عبد الغفار_ التفوق العقلي والإبتكار_ دار النهضة العربية_ القاهرة_ ١٩٧٧.

٦. عبد السلام عبد الغفار ويوسف الشيخ_ سيكولوجية الطفل غير العادي والتربية الخاصة_ دار النهضة العربية_ القاهرة_ مصر_١٩٦٦.

٧. د. يوسف كماش وآخرون_ نمو الطفل_ الطبعة الأولى _٢٠١٠, دار الخليج للنشر_ عمان_ الأردن.

٨. زيدان نجيب حواشين, د. مفيد نجيب حواشين_ النمو البدني عند الطفل_ الطبعة الثالثة ٢٠٠٠_ دار الفكر للطباعة والنشر_ عمان _الأردن.

٩. زيدان نجيب حواشين, مفيد نجيب حواشين_ اتجاهات حديثة في تربية الطفل_ الطبعة الثالثة ١٩٩٧_ دار الفكر للطباعة والنشر_ عمان_ الأردن.

١٠. زيدان نجيب حواشين, مفيد نجيب حواشين_ تعليم الأطفال الموهوبين_ الطبعة الثانية _١٩٩٨_ دار الفكر للطباعة والنشر_ عمان_ الأردن.

١١. فتحي ذياب سبيتان_ ضعف التحصيل الطلابي المدرسي (الأسباب والحلول)_ رياضيات وعلوم_ الطبعة الأولى ٢٠١٠_ دار الجنادرية للطباعة والنشر_ عمان_ الأردن_ مقابل البوابة الشمالية للجامعة الأردنية.

١٢. د. فتحي عبد الرحمن جروان_ الموهبة والتفوق والإبداع_ الطبعة الأولى ١٩٩٨_ دار الكتاب العربي_ العين_ الإمارات العربية المتحدة.

١٣. د. فؤاد البهبي_ الذكاء_ الطبعة الرابعة_ ١٩٧٩_ دار الفكر العربي_ القاهرة_ مصر.

١٤. عفاف اللبابيدي، عبد الكريم الخلايلة_ تعليم الفن للأطفال_ الطبعة الأولى_ ١٩٩٠_دار الفكر للطباعة والنشر_ عمان_ الأردن.

١٥. عزة مختار الدعدع, سجى عبدالله

١٦. عبدالواحد وافي _اللعب والمحاكاة وأثرها في حياة الإنسان_ دار النهضة_ مصر_ القاهرة_ ١٩٨٥.

١٧. محمود محمد غانم_ التفكير عند الأطفال_ الطبعة الأولى_ ٢٠٠٤، دار الثقافة للنشر والتوزيع_ عمان_ الأردن.

١٨. محمود مهدي_ رياض الأطفال وطريقة إعدادها وتنظيمها_ الطبعة الثالثة_ ١٩٨٥_ المكتب الاسلامي_ بيروت_ لبنان.

١٩. محمد عبدالرحمن عدس_ رياض الأطفال_ دار الفكر_ ١٩٩٥_ عمان_ الأردن.

٢٠. د. مصطفى فهمي_ سيكولوجية الأطفال غير العاديين_ المجلد الثاني_ ١٩٦٥_ دار مصر للطباعة والنشر_ الفجالة_ مصر.

٢١. مصطفى خليل الكسواني وآخرون_ برامج طفل ما قبل المدرسة_ الطبعة الأولى_ ٢٠٠٣_ دار قنديل للنشر والتوزيع_ عمان_ الأردن.

٢٢. مصطفى خليل الكسواني وآخرون_ طرق دراسة الطفل_ الطبعة الأولى_ ٢٠٠٢, دار صفاء للنشر والتوزيع_ عمان_ الأردن.

٢٣. حنان عبدالحميد العناني_ أدب الأطفال_ الطبعة الثالثة_ ١٩٩٦_ دار الفكر للطباعة والنشر_ عمان_ الأردن.

٢٤. د. حمدي خميس_ طرق تدريس الفنون_ دار المعارف_ مصر_ القاهرة_ ١٩٨٠.

٢٥. د. جمال حسين الألوسي وأميمة علي خان_ علم نفس الطفولة والمراهقة_ جامعة بغداد_ بغداد_ ١٩٨٣.

٢٦. جورج موكو_ التربية الوجدانية والمزاجية للطفل_ ترجمة منير العمرة ونظمي لوقا_ دار المعرفة_ القاهرة_نيويورك_ ١٩٧٨.

٢٧. جون أيكن_كيف تكتب للأطفال_ ترجمة كاظم سعد الدين_ دار ثقافة الأطفال_ بغداد_ العراق_ ١٩٨٨.

28. جميس جالجر_ الطفل الموهوب في المدرسة الابتدائية_ ترجمة سعاد نصر فريد_ القاهرة_ الهيئة المصرية العامة للكتاب_ ١٩٧٦.
29. خولة أحمد النوري_ مشكلات العمل في رياض الأطفال_ الطبعة الأولى_ ١٩٨٢_ دار الحرية_ بغداد_ العراق.
30. نخبة من أدباء الأطفال في الأردن_ أدب الطفل الأردني_ الطبعة الأولى_ ٢٠٠٢_ أمانة العاصمة_ عمان_ الأردن_ جمعية عمال المطابع التعاونية.
31. رناد يوسف الخطيب_ رياض الأطفال_ الطبعة الثانية_ ١٩٨٧_ مؤسسة دار الحنان_ عمان_ الأردن.
32. بول ويتي_ أطفالنا الموهوبين_ ترجمة صادق سمعان_ القاهرة_ دار النهضة العربية_ ١٩٦٢.
33. راشد الشنطي، عودة أبو سنينة_ طرق دراسة الطفولة- الدار الأهلية للطباعة والنشر_١٩٨٩_ عمان_ الأردن.
34. زحلوق، مها_ التربية الخاصة للمتفوقين_ منشورات جامعة دمشق_ دمشق_ سوريا_ مطبعة الاتحاد.
35. د. زهير عزاوي_ نمو القيم والتجاهات عند أطفال ما قبل المدرسة_ دار المنتدى للنشر والتوزيع_ بيروت_ الطبعة الأولى_ ١٩٩٣.
36. د. نهاد شكري المصري_ إسعاد الطفولة_ الطبعة الثانية ٢٠٠٨، الناشر: المكتبة الجامعية_ عمان_ الأردن.
37. د. محمد مصطفى زيدان، دراسة سيكولوجية تربوية لتمليذ التعليم العام، ط٢، دار الشروق للتوزيع والطباعة والنشر- جدة - السعودية ١٩٨٣.
38. د. نادر فهمي الزيود، د. صالح ذياب هندي، التعلم والتعليم الصفي ، ط٢، دار الفكر للنشر والتوزيع - عمان - الأردن ١٩٨٩.
39. د. سيد عثمان، د. أنور الشرقاوي، التعلم وتطبيقاته، دار الثقافة للطباعة والنشر - القاهرة - مصر ١٩٧٧.
40. د. أحمد أبو هلال، تحليل عملية التدريس، مكتبة النهضة الاسلامية - عمان - الاردن ١٩٧٩.
41. مصطفى خليل الكسواني، د. ابراهيم ياسين الخطيب، يوسف أحمد أبو الرب، برامج طفل ماقبل المدرسة، ط١، دار قنديل للنشر والتوزيع، عمان - الاردن - ٢٠٠٣.

٤٢. مصطفى خليل الكسواني، محمد حسن الشناوي، <u>طرق دراسة الطفل</u>، ط١، دار صفاء للنشر والتوزيع، عمان – الاردن ٢٠٠٢.

٤٣. د. كايد عبد الحق، ذوقان عبيدات، راضي الموقفي، محمد إبراهيم حسن، <u>التعليم، التخطيط، التنفيذ</u>، مطابع الجمعية الملكية الاردنية.

٤٤. د. جوزيف لومان، ترجمة، د. حسين عبد الفتاح، <u>اتقان أساليب التدريس</u>، مركز الكتب الاردني ١٩٨٩.

٤٥. علي أحمد لين، <u>زاد المعلم في مبادئ التدريب واعداد الدروس للمعلمين</u>، ط١، دار المعرفة للطباعة والنشر والتوزيع – المنصورة – مصر ١٩٨٦.

٤٦. د. سعيد بامشموش، نور الدين عبد الجواد، <u>التعليم الابتدائي</u>، ط١، شركة الطباعة السعودية المحدودة – العمارية – الرياض – السعودية ١٩٨٠.

٤٧. د. نظلة حسن احمد خضر، <u>أصول تدريس الرياضيات</u>، الناشر: عالم الكتب – القاهرة.

٤٨. د. محمد عبد الرحيم عدس، عدنان عارف مصلح، <u>رياض الاطفال</u>، ط٣، دار مجدلاوي للطباعة والنشر – عمان – الاردن ١٩٨٣.

٤٩. د. صالح عبد العزيز، <u>التربية وطرق التدريس</u>، مطابع دار المعارف – مصر – القاهرة ١٩٥٦.

٥٠. د. أحمد زكي صالح، <u>علم النفس التربوي</u>، ط٧، مكتبة النهضة المصرية – القاهرة – مصر ١٩٦١.

المراجع والمصادر الأجنبية

(i)   Foster .j _ creative and the Teacher _ Macmillan_ London_1971

(ii)   Gold Milton j _ Education of the intellectually Gifted, col. Ohio, 1985.

(iii)   Rollo May_ The courage to creat_ W.North & company inc. _Newyork_ 1975.

(iv)   Vernon, p.e, _ the psychology and Education of Gifted children _ London _ 1977.

(v)   Kirk, Samuel _ Educating Exceptiened children _ Houghton Miffin company _ Boston, 19 Gronlund normon, preparing.

(vi)   Berger, E.M. 1981, self acceptance scal, in Aero, R .Wiener, E. The mind Test William worrow co. Newyork.

(vii)   Baldwin, A. Y. (1984) – Baldwin identification matrix, 2 for the indentification of gifted and talented, New York – Trillium press.

(viii)   Rore, Ernest "teachers, librarians and children "London Crosby lock wood, 1965.

(ix)   Fleet ,Anne ,"children librarianship "clive bingloy-1979

(x)   HALSEY porter: physical education for children –Holt Rinhart and Winston REV.ED-1967. U. S. A.

المحتويات

220

تم بحمد الله....

Printed in the United States
By Bookmasters